維新の影

近代日本一五〇年、思索の旅

姜尚中

集英社

維新の影

近代日本一五〇年、思索の旅

「思索の旅」で訪れた主な場所

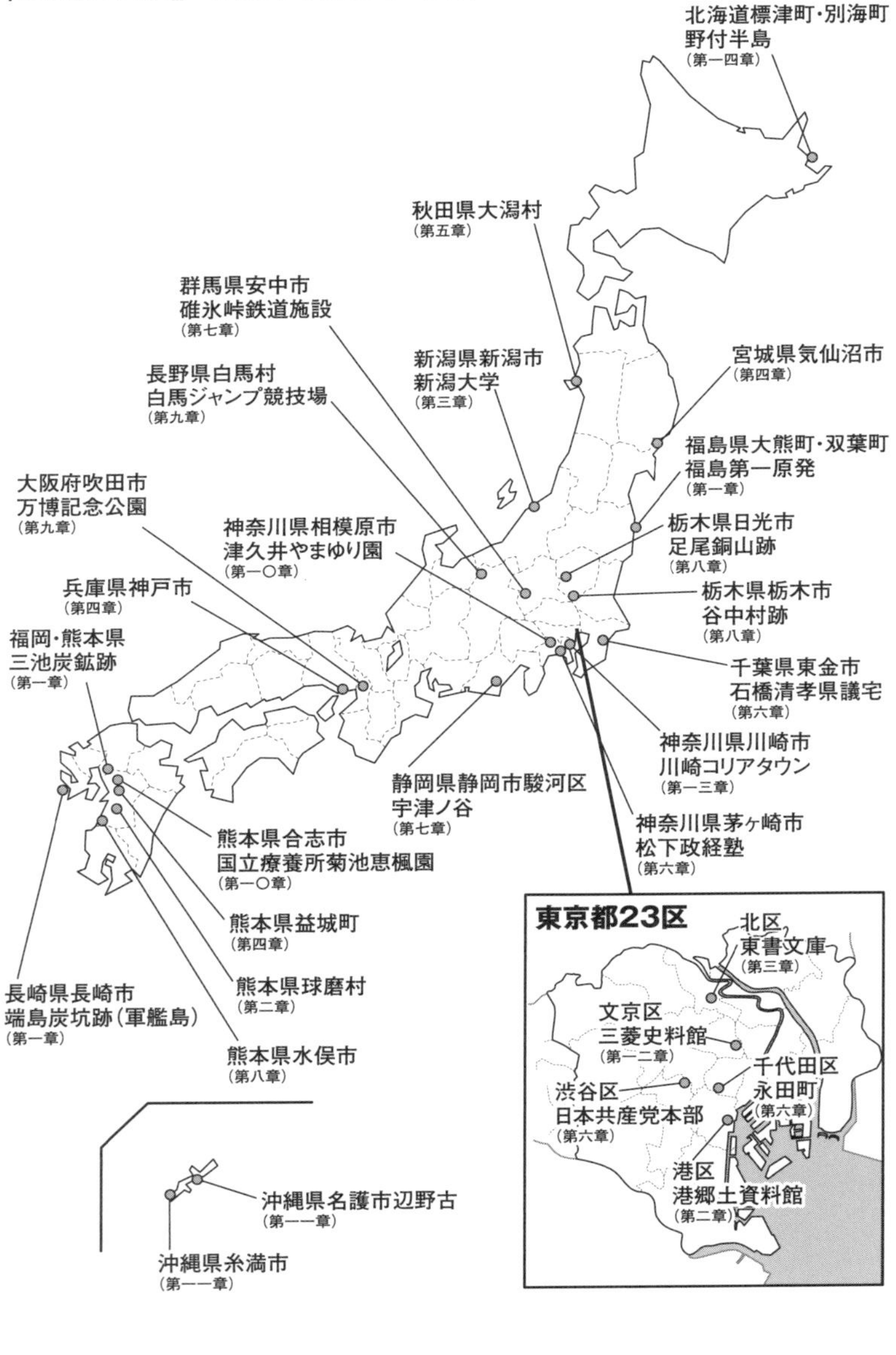
北海道標津町・別海町
野付半島
（第一四章）
秋田県大潟村
（第五章）
群馬県安中市
碓氷峠鉄道施設
（第七章）
新潟県新潟市
新潟大学
（第三章）
宮城県気仙沼市
（第四章）
長野県白馬村
白馬ジャンプ競技場
（第九章）
福島県大熊町・双葉町
福島第一原発
（第一章）
大阪府吹田市
万博記念公園
（第九章）
神奈川県相模原市
津久井やまゆり園
（第一〇章）
栃木県日光市
足尾銅山跡
（第八章）
兵庫県神戸市
（第四章）
栃木県栃木市
谷中村跡
（第八章）
福岡・熊本県
三池炭鉱跡
（第一章）
千葉県東金市
石橋清孝県議宅
（第六章）
神奈川県川崎市
川崎コリアタウン
（第一三章）
静岡県静岡市駿河区
宇津ノ谷
（第七章）
神奈川県茅ヶ崎市
松下政経塾
（第六章）
熊本県合志市
国立療養所菊池恵楓園
（第一〇章）
熊本県益城町
（第四章）
熊本県球磨村
（第二章）
長崎県長崎市
端島炭坑跡（軍艦島）
（第一章）
熊本県水俣市
（第八章）
沖縄県名護市辺野古
（第一一章）
沖縄県糸満市
（第一一章）
東京都23区
北区
東書文庫
（第三章）
文京区
三菱史料館
（第一二章）
千代田区
永田町
（第六章）
渋谷区
日本共産党本部
（第六章）
港区
港郷土資料館
（第二章）

目次

第六章　選良たちの系譜

＊本文中に登場する人物の所属・役職は取材当時のものである。
＊引用文中、今日の人権意識に照らして不適切な表現があるが、
原典の時代性を鑑み、原文のままとした。

写真提供／共同通信社・堀誠
地図作成／クリエイティブメッセンジャー

序章

明治一五〇年、翼賛のうねり

今年（二〇一八年）は、明治維新から一五〇年の節目にあたる。近代日本の歴史そのものと重なり合う明治維新から一五〇年。政府だけでなく、明治維新に所縁の山口県や鹿児島県、高知県などでも、さまざまなイベントが目白押しで、これを機に国をあげての明治セレモニーが開催されることになるはずだ。

それでは、こうした明治セレモニーはどんな趣旨から催されることになるのだろうか。それを知る手がかりのひとつとなるのが、政府広報の「「明治150年」関連施策の推進について」（以下「推進」）である。そこには次のように謳《うた》われている。「過去を振り返って見えるものは、未来へのビジョンでもあることから、こうした近代化の歩みが記録された歴史的遺産を後世に遺すことは極めて重要である。（中略）ついては、「明治150年」を機に、明治以降の日本の歩みを改めて整理し、未来に遺すことによって、次世代を担う若者に、これからの日本の在り方を考えてもらう契機とする」。

ここには、明治一五〇年のセレモニーの意味が凝縮して表明されている。それは、歴史を回顧して往時を偲《しの》ぶ国家的な行事にとどまるものではない。そこには明治一五〇年以後の未来に投射されるべき過去の姿が浮き彫りにされ、さらに未来はそうして選択された過去の延長あるいはその反復とみなされているのである。

違う角度から言えば、「推進」のメッセージは、明治一五〇年にあたる二〇一八（平成三〇）年の現在において「過去の死者たち」と「いまだ生まれざる未来の者たち」とを結びつけ、ネーションとしての共同体の永続性を「想像的に」回復しようとしているのである。ネーションとは、現に生きている者たちだけでなく、過去の、そして未来の成員をも含むものであるとすれば、明治一五〇年のセレモニーは、「ネーションの善性」（ベネディクト・アンダーソン『比較の亡霊――ナショナリズム・東南アジア・世界』）を通じた愛国心のすすめを語っているのである。

「ネーションの善性」――いかなる罪を国民の政府が犯そうとも、時々の市民がその罪にいかに加担しようとも、ネーションは究極的には善なるものであるという信念――を保証しているのは、「過去の死者たち」と「いまだ生まれざる未来の者たち」に共通する「単色の純粋性」であり、過去の死者もいまだ生まれざる者も、一切の社会的相貌を剝ぎ取られて、ただ「日本人」であるという純粋性において、ネーションは「善」であり、「無垢《むく》」であるということになる。アンダーソンの皮肉っぽい表現に倣えば、死せる者たちといまだ生まれざる者たちとの「幽霊的な結合」が、現在を通じてこれらの人々を「過去完了の＝過去の完成した」「日本人」にし、「未来完了の＝未来の完成した」「日本人」にしているのである。

こうした「ネーションの善性」とその永続性、そしてその一員であることの自覚（愛国心）

を見事に語っているのは、次のようなマックス・ウェーバーの荘重で感動的な言葉である。「我々が遠い将来、墓から立ち現れ、未来のドイツ人の世代の相貌に探し求めようとするのは、我々自身の存在の遠い痕跡であろう。我々がいかに至高にして究極の理想を掲げようとも、それは変わりゆくはかないものである。我々はそれを未来に強要しようと望むことはできない。しかし、未来のドイツ人の世代が我々のあり方をみて、これこそ自分たちの祖先のあり方だと認めるようになって欲しいと願うことはできる」(「国民国家と経済政策」一八九五年)

明治一五〇年を記念する先の「推進」に漲《みなぎ》るのは、ウェーバーの言葉の悲壮さとは裏腹な、「ネーションの善性」に対するオプティミズムである。

それを象徴する標語が、幕末の兵学者、佐久間象山の唱えた、「和魂洋才」にほかならない。先の「推進」ではことさら「和魂洋才の精神」が、明治維新から一五〇年の歴史を貫く「日本の強み」として強調され、グローバル化の波にのまれる現在にこそ、それは力強く甦《よみがえ》る必要があると認識されている。

この「和魂洋才」という理想こそ、「過去の死者たち」と「いまだ生まれざる未来の者たち」を結びつける紐帯《ちゅうたい》の役割を果たしているのである。欧化に対する明治国家の戦略が「和魂洋才」であり、それが西洋にもアジアにもない日本独自の強みの源泉であったように、その現代版である「新・和魂洋才」は、グローバル化に対する「日本の強み」として再認識されていると言える。

漱石の悲観――「亡びるね」

こうした「明治翼賛」のうねりに対して、すでに一〇〇年以上も前に強い違和感を持ち続けたのは、明治を代表する文豪・夏目漱石である。漱石の言葉は辛辣《しんらつ》だ。「過去を顧みるは（一）前途に望なき故なり（二）下り坂なるが故なり（三）過去に理想あるが故なり（四）えらい先例がある故なり／明治の三十九年には過去なし。単に過去なきのみならず又現在なし、只《ただ》未来あるのみ。青年は之《これ》を知らざる可《べ》からず」（「断片35B」『漱石全集』第一九巻、ひらがなの部分は原文カタカナ）

近代日本を代表する国民的作家とも言える漱石のこの思念をいったいどう評価したらいいのか。漱石は、明治を振りかえり、模倣するに堪えないと宣言しているのである。それは、より激烈にも次のような憤りを交えた辛辣な言葉となって迸《ほとばし》っている。

「明治四十年のうちに住み古るしたる輩は四十年は長い者と心得て其《その》長い間に名誉ある我等は明治の功臣として後世に伝はるべしとの己惚《うぬぼれ》を有す。

遠くより此《この》四十年を見れば一弾指の間のみ。所謂《いわゆる》元勲なる者はのみの如《ごと》く小なる者と変化するを知らずや。明治の事業は是《これ》から緒に就くなり。今迄《いままで》は僥倖《ぎょうこう》の世なり。準備の時なり。もし真に偉人あつて明治の英雄と云はるべき者あらば是から出づべきなり。之を知らずして四十年を維新の業を大成したる時日と考へて吾《われ》こそ功臣なり模範なり抔云《など》はゞ馬鹿と自惚と狂気とをかねたる病人なり。四十年の今日迄に模範となるべき者は一人もなし。吾人は汝《なんじ》等を模範とする様なけちな人間にあらず」(同前)

すでに漱石は、未来を切り拓《ひら》くために呼び寄せられる模範とすべき過去は、明治のなかにはもはや見いだしえないと見切っていたことになる。とすれば、明治一五〇年のセレモニーを、漱石ならばどんなふうに受け止めるだろうか。「馬鹿と自惚と狂気」をかねた病人の戯言とみなすだろうか。

少なくとも、「和魂洋才」のオプティミズムを屈託なく言祝《ことほ》ぐことはしなかったはずだ。『三四郎』の作中人物、広田先生に日本は「亡《ほろ》びるね」という「国賊取扱にされる」言葉を吐かせた漱石ならば、そうしたオプティミズムの行き着く果てに悲観的な予測を立てざるをえなかったに違いない。幸か不幸か、漱石はその「亡び」を体験することなく世を去った、「亡びるね」という予感が、その後どれほど巨大な惨禍となって日本のみならず、アジアを襲うことになるかを知らないまま。

その惨禍から六〇年余り、「亡びるね」の予感が再び脳裏に甦るほどの惨事が東日本を襲うことになった。「福島第一原発事故」は、「和魂洋才」のオプティミズムを吹き飛ばすほどの悲劇をもたらしたのである。

「思索の旅」という方法

東日本大震災と原発事故の後、ほどなくして福島に足を踏み入れた私の脳裏にずっと浮かんでは消え、消えては浮かんでいた疑問、それはなぜこの列島で人類史的な悲劇とも言うべき、広島・長崎の被爆があり、水俣の未曾有《みぞう》の公害が起き、そして原発事故という黙示録的な事件が重なったのかということである。これら三つの悲劇だけでも、楽観的な「和魂洋才」の薔薇《ばら》色の色調も霞《かす》んでしまうのではないか。

にもかかわらず、原発事故から七年、まるで何事もなかったかのように、明治一五〇年のセレモニーが愛国心の鼓舞とともに、「和魂洋才」のオプティミズムを振りまこうとしているのである。

その変わることなく、執拗《しつよう》に反復される通奏低音のような原型があるとすれば、それは何なのか。この疑念がずっと晴れることなく、私の脳裏にこびりついていた。

悲劇が何によって生まれ、誰がその責任を負い、何をなすことで悲劇のなかから希望の仄《ほの》かな光を見いだしていけるのか。こうしたプロセスを曖昧にしたまま、悲劇をまるで自然災害であるかのようにやり過ごし、忘却の安全地帯に逃れることで、再び喜劇的な日常を取り戻す、そうしたサイクルの繰り返しが、日本の近代の基本的なパターンではなかったのか。

福島第一原発事故とその後の歴史は、そうしたパターンの圧縮された再生と言えないことはない。地域、業界、官公庁、政界を包摂するヒエラルキーが、どこを抽出しても同じような形の結晶体となって官民総もたれ合いの体制を支えているのである。そのなかのキーパーソンたちの、原発事故をめぐる発言を読みながら頭を掠《かす》めたのは、政治学者・丸山眞男の「軍国支配者の精神形態」(『現代政治の思想と行動』)のことだ。

戦争と事故という異なった悲劇とはいえ、そこに共通しているのは、自らの固有名詞をかき消し、国家や企業、組織や制度の建前に身を隠すパワーエリートたちの心性である。それは、戦争は変えられない、原子力エネルギーは変えられないという既成事実への順応、屈服にほかならない。

この点を丸山は次のように指摘している。「重大国策に関して自己の信ずるオピニオンに忠実であることとではなくして、むしろそれを『私情』として殺して周囲に従う方を選び又それをモラルとするような『精神』こそが問題なのである」(同前)と。そこに出現した、誰も責任をとらない無責任体制をどう考えたらいいのか。

このような体制のデカダンスを下支えしているものの「正体」が知りたい。その根っこにあるものは何なのか、それを知りたいと思うようになったのである。もしかしてそれが日本の「正体」なのでは……。そのような予感をもちながら、私は書斎を離れ、悲劇の起きた列島の地域と現場に身を置き、その空気を五感で確かめてみたいと思い立った。

軍艦島で、三池炭鉱跡で、汚染された福島の地で、水俣湾で、ハンセン病患者の旧収容施設で、過疎の中山間地で、滅亡した旧谷中村で、大都市のなかの旧スラムで、そして基地の重圧に喘《あえ》ぐ沖縄で、さらにコリアタウンで……。そこに息づいていたのは、国民から「裸形の民」に突き落とされた人々の悲劇であり、そのなかから仄かに点滅する希望の輝きであった。それは、あの人間的、社会的な相貌を剝ぎ取って「日本人」という「単色の純粋性」に還元してしまう「ネーションの善性」を、もはや信じることができなくなった人たちの歴史そのものが放つ輝きだった。

確かに「裸形の民」に突き落とされた人々は、日本の近代の歴史のなかで辺境や周辺に追いやられた少数者であったかもしれない。しかし、本書でも触れるように、いまやそうした見捨てられた人々は、もはや社会的少数者ではなくなりつつある。むしろ社会のど真ん中に貧困や格差、差別に喘ぐフツーの人々が日々、増えつつあることを誰が否定できるだろうか。その限りで国民の「単色の純粋性」に逃げ込み、そこに安住の地を見いだすことはできなくなっているのだ。

だが他方では、その「純粋性」の境界内に立て籠《こ》もり、境界の外の「不純な」ものを排撃、駆逐する国粋的な排外主義に身をやつす人々が増えつつあることも否定できない。

かつて明治一四年の政変から議会開設と帝国憲法、教育勅語の渙発《かんぱつ》などを通じて上からの集権的な国家主義と下からの国粋主義が隆起して来たように、現代の「欧化」(文明化)とも言うべきグローバル化のなかで、国粋的な「純化」運動が、上と下から湧き立とうとしている。

明治一五〇年、日本の近代の歴史を念頭に置きながら、日本列島に刻まれた「裸形の民」の現場を行くことは、日本の、近代の「正体性」(アイデンティティ)とは何かを確かめる思索の旅であり、その「落とし子」(「植民地以後の子」)とも言うべき自らの存在(正体)を探し求める旅でもあった。

書斎や研究室での純粋学問的な方法に基づく学術的な研究というより、現場のフィールドワークにジャーナリスティックな方法を加味し、同時にその成果に理論的な加工を施した本書は、思索の旅という体裁をとった、アカデミズムとジャーナリズムを産みの親とする「非嫡出子」と言ってもいいかもしれない。あえて「非嫡出子」と呼ぶのは、嫡出的なオーソドクシーから外れたポジションにこそ、本書の積極的な意味があると思うからである。

第一章
エネルギーは国家なり

成長の光に消された歴史——廃墟の島が語るもの

なぜ人は光を求めるのか。どうして明るさを好むのか。それが、豊かさに通じ、幸せをもたらしてくれるからか。光―明るさ―豊かさ―幸せ。この連想は、戦後の日本を生きる者にとって、太陽が東から出て西の彼方《かなた》に没するのと同じくらい自明の理に違いない。

近代日本は、まさしく光を、明るさを、豊かさを求め、ひたすら成長と繁栄を夢見て来た歴史だったと言える。もちろん、そこには、すべての活動の源になる動力源としてのエネルギー資源が必要だ。それが、どこでどのようにしてどんな人によってつくられるのか、不覚にも、私はほとんど関心を払っていなかった。少なくとも七年前に東日本大震災と福島第一原発事故が起きるまでは。

坑夫たちの魂

大震災から数週間後、取材先の福島県相馬市で出会った、原発事故から避難して来た南相馬市のある主婦の言葉「東京の明るさのためになぜ私たちが犠牲にならなければならないんですか」は、まるで天の声のように私を打ちのめした。政治学者の端くれのつもりであったが、何も見えていなかったのではないか。

私に見えていなかったもの、それは、光の、明るさの源になる動力源としてのエネルギー資源であり、そして何よりもそれとかかわる生身の人間である。見えていなかったものを、しっかりと見据えなければ。私はそう思い立ち、「廃墟《はいきょ》」を目指すことにした。世界文化遺産に登録された「明治日本の産業革命遺産」の構成資産になっている端島《はしま》炭坑（長崎県）と三池炭鉱（福岡、熊本県）の跡がそれだ。

「三池炭鉱関連資産」のパンフレットにはこう謳われている。「明治日本の産業革命遺産　製鉄・製鋼、造船、石炭産業」は、「（日本が）西洋以外の地域で初めて、かつ極めて短期間のうちに、近代工業化を果たし、飛躍的な発展を遂げ」たことを示す「世界史的にも特筆すべき発展の過程の証左」である、と。確かに、炭鉱資産が世界遺産に登録され、輝ける日本の光と明るさ、豊かさのシンボルとして甦ったことは慶賀すべきだ。

しかし、「明暗は表裏の如く、日のあたる所には屹度《きつと》影がさす」（夏目漱石『草枕』）とすれば、その暗の部分が忘れ去られようとしていないか。地下数百メートルの地底には、娑婆《しやば》に出られなかった坑夫たちの魂が出口を求めていまも彷徨《さまよ》っているのではないか。「世の中に労働者の種類は大分」あっても、「其《そ》のうちで尤《もつと》も苦しくつて、尤も下等」（夏目漱石『坑夫』）とみなされたのが坑夫だとすれば、輝く日本の近代化の象徴からかき消されたのは、彼らの歴史だったのではないか。

廃墟に立ち、耳を澄ませば、彼らの声が聞こえて来るかもしれない、そして見えていなかったものが見えて来るかもしれない。そんな期待と不安を抱きながら、私はまず、端島炭坑を目指した。

日本で最新の洋式採炭事業がはじめられたことで有名な高島炭坑跡のある高島から約二・五キロ、東の長崎市野母崎《のもざき》地区の高浜町から約五キロの海上にある端島炭坑は、その浮かぶ姿が戦艦「土佐」に似ているところから、「軍艦島」と呼ばれて来た。一九七四（昭和四九）年の廃坑以来、二〇〇九（平成二一）年に一部地域の上陸が解禁されるまで、島への交通手段は、高浜の野々串港などから出る、釣り客のための瀬渡し船だけだった。薄陽がさす晩秋の曇り空の下、鄙《ひな》びた感じの野々串港から見える端島炭坑は、軍艦島というより、黒い「監獄島」のようだ。

歴然とした階層

島に上がると、遠くから見えた林立するコンクリートのビルの残骸が間近に立ちはだかって来る。咄嗟《とっさ》に浮かんだのは、肺気腫に侵され、肺胞壁が破壊されてだらりと垂れ下がった巨大な肺臓のイメージである。閉山に追い込まれて以来、端島炭坑は風雨と怒濤《どとう》にさらされたまま、忘れ去られて来たのである。

面積六・三ヘクタール、周囲一・二キロ、東西一六〇メートル、南北四八〇メートルの端島は、小さな岩礁地をボタで埋め立てた人工の島である。

採炭の現場である第二、第三竪坑《たてこう》とそれを中心とする事業用地は島の東・南に集中していた。本格的な炭坑としての端島の歴史は、高島炭坑を所有していた三菱社が、一八九〇（明治二三）年に端島を買収したことにはじまる。その後、三菱は、一八九五（明治二八）年には深さ一六二メートルの第二竪坑の開鑿《かいさく》に成功。さらに一八九六（明治二九）年には第三竪坑も完成し、端島炭坑は、強粘結炭の良質な原料炭を産出する炭坑として注目を浴びていた。

さらに、昭和初期には、年産二〇万トン台の出炭を続け、満州事変から大陸侵攻へと続く激動の時代のなかで、第二竪坑を深さ六三六メートルまで延長することに成功、太平洋戦争が勃発する一九四一（昭和一六）年には、出炭四〇万トンを超える驚異的な業績をあげることになる。まさしく、端島炭坑は、国策と二人三脚で採掘技術を発展させ、出炭の飛躍的な増産に成功したのである。

だが、それらは、人なしには不可能であったことは言うまでもない。出炭ピーク時の一九四一年、在籍労働者の数は一八〇〇人を超え、朝鮮半島や中国から連れて来られた労働者も含め、坑夫は一四二〇人に達していたという。昭和三〇年代には彼らとその家族や関連するさまざまな業者、医者、看護師ら五〇〇〇人を上回る人が小さな島に溢《あふ》れていた。

そのほとんどが島の北部の住宅、福利・娯楽施設に集中し、一時期、島は日本で最も人口稠密《ちゆうみつ》な場所になっていたのである。その中高層住宅のビルは、現在は木造の部分が拉《ひしや》げたように崩落し、鉄筋は腐食して、戦災の後のような凄《すさ》まじい惨状を呈している。それでも、どす黒く変色した生活用品の残骸や壊れた家財は、この場所に確かに人が棲《す》んでいたことを物語っている。

竪坑六〇〇メートルの海の下の炭坑で、地を這《は》うようにひたすら石炭の採掘と運び出しに従事した坑夫たち。彼らの日常の安らぎのひと時はどんなものだったのか。彼らはどんな思いで、その苛酷《かこく》な労働に堪えていたのか。ただ、日も当たらない、暗い谷底のようなビルの下階部を眺めていると、苛酷な労働から解放された時でさえ、彼らには光も、明るさもなかったのではないかと想像せざるをえない。

彼ら坑夫や下請けの労働者と違い、日照も眺望も恵まれたビルの上層階や島の中央高地には高い地位の職員や会社の上役が居住していた。この歴然とした階層秩序を、端島は分かりやすく空間的に表現しているのだ。

この意味で端島は、日本という国家の縮図なのかもしれない。この廃墟は、日本という国家が追い求めた殖産興業と富国強兵、豊かさと繁栄、発展と成長の夢と苛酷な現実が凝縮された場所だった。

「煙に泣く月」の記憶——国策に翻弄されたヤマ

「月が出た出た　月が出た（ヨイヨイ）　三池炭坑の　上に出た　あまり煙突が　高いので
さぞやお月さん　けむたかろ（サノヨイヨイ）」

いまではほとんど歌われなくなった炭坑節。しかし、かつて炭坑節は、朝鮮戦争の最中の一九五一（昭和二六）年、第一回の紅白歌合戦のラジオ放送で芸者歌手の赤坂小梅が歌うなどして大ヒットした、戦後復興の国民的な応援歌だった。私も子供心に、五右衛門風呂の湯気に霞む月に語りかけるように歌う大人たちの潤んだ声をよく憶《おぼ》えている。

甦る廃墟

炭坑節の全国的な人気は、石炭産業が戦後復興のシンボルとなり、復興のエネルギーを支える基幹産業として甦ったことを意味していた。このことは、富国強兵の国策とともに成長し、その破綻とともに壊滅的な打撃をこうむった石炭産業が、再び脚光を浴びることを意味していた。石炭は「黒ダイヤ」と呼ばれ、炭鉱《ヤマ》は再び、活気づくことになる。

活況を呈する全国の炭鉱のなかでも、炭坑節に歌われた三池炭鉱はそのシンボリックな存在だった。しかし、朝鮮戦争による特需に沸いたのも束《つか》の間、好景気が去ると、一転、不況が訪れ、炭鉱はみるみる斜陽の一途を辿《たど》ることになる。

ただ、石炭産業の斜陽への伏線はすでに占領下のいわゆる「逆コース」とともにはじまっていた。共産主義に対する防波堤としての日本の復興。その決め手のひとつが、「太平洋岸製油所の操業再開及び原油輸入に関する覚え書き」の発表だった。それは、原油輸入の全面禁止措置の解除と、石炭から石油へのエネルギー転換の第一歩を意味していた。

三池炭鉱は、まさしくそうしたエネルギー転換と国策変更に翻弄《ほんろう》される「主戦場」となるのである。その主戦場で闘われたのが、戦後最大の労働争議――「総資本と総労働の闘い」と言われた三池争議（一九五九〜六〇年）である。そして、国策に翻弄される最大の犠牲者を出したのも、三池炭鉱だった。

高度成長の真っただなかの一九六二（昭和三七）年、石炭鉱業調査団は、その後の石炭産業の帰趨《きすう》を決定する答申を発表。しかし、その「スクラップアンドビルド」の合理化策は、人員削減と保安の軽視を招き、戦後最悪の炭鉱事故となる三川坑炭塵《たんじん》爆発事故（一九六三年）の導火線になっていく。死者四五八人、一酸化炭素中毒八三九人の大惨事。その悲惨な光景は、白黒テレビの映像を通じていまでも私の記憶のなかに残っている。三池炭鉱と、その所在地、大牟田と荒尾は、私にとって廃れた侘《わび》しい、暗いイメージに包まれたままだった。

だが、いまの福岡県大牟田市や熊本県荒尾市には、どこか晴れがましい雰囲気が漂っている。三池港、宮原坑、専用鉄道敷跡、万田坑、三角西港など、「三池炭鉱関連資産」が、世界遺産として登録され、その観光資源としての吸引力に期待が集まっているからだ。ポイ捨てにされ、顧みられることなく放置された炭坑の廃墟は、再び、脚光を浴びることになったのである。

行政と市民が一体となった世界遺産の地域おこし。市の職員も元炭鉱マンの語り部も、炭鉱跡の愛好家たちのボランティアも、明るく、誇りに満ちている。忘れられた廃墟が、地域活性化の切り札として甦り、一度は失くしてしまった「愛郷心」に再び新たな生命《いのち》を吹き込もうとしている。

確かに、最盛期の三池炭鉱は、近代日本の殖産興業と富国強兵、そして戦後の復興と繁栄に多大の貢献をした。炭鉱のなかの炭鉱と言うべき三池炭鉱は、常に前進し、成長する日本のトップランナーであり、牽引《けんいん》車だったのだ。

女たちの哀歌

一八八九（明治二二）年、官営事業の三池炭鉱が、三井財閥に払い下げられて以来、三池炭鉱は、三井財閥の中核的な存在として拡大を遂げていく。それをリードしたのが、後に血盟団事件で凶弾に倒れることになる団琢磨《だんたくま》である。団は、最新式の大型排水ポンプを設置したり、閘門《こうもん》式水門を有する三池港を開設するなど、石炭の掘削と運搬の飛躍的な向上に辣腕《らつわん》を振るった。

世界遺産に登録され、三井三池の主力坑のひとつとなった宮原坑の第二竪坑の鋼鉄櫓《ろ》（一九〇一年築）は、朽ち果てた煉瓦《れんが》塀や建物の残骸を睥睨《へいげい》するように聳《そび》え立っている。その偉容は、ここが世界でも屈指の炭鉱であったことを物語っている。そしてもうひとつの世界遺産で、三井が威信をかけて開鑿した万田坑の第一竪坑は、東洋一と謳われ、宮原坑の鋼鉄櫓よりも重厚感ある櫓が晴れ渡った空に突き出ている。

炭鉱関連資産のなかでも保存整備が行き届いた万田坑跡。そこでひときわ目を引くのが、赤煉瓦の坑口施設だ。所々に小さな雑草の見える赤煉瓦のひんやりとした感触を確かめながら、そっと耳を寄せると、坑夫や選炭夫たちの泣き声や笑い声が聞こえて来るような気がした。と、その感傷的な気分を打ち消すように、訪れる観光客たちの笑い声が聞こえ、元炭鉱マンらしい案内役の老人の甲高い声があたりに木霊《こだま》した。

世界遺産となった三池炭鉱跡を言祝ぎたくなるのは人情だ。だが、「大陸からの強制連行、囚人労働など、人を牛馬のように使い、殴り、殺し、地底に投げ込んだ、目をそむけたくなる現実」（井上佳子《いのうえけいこ》『三池炭鉱「月の記憶」――そして与論を出た人びと』）も、この地で起きたことなのだ。そうした「人柱」なくして、光と明るさ、繁栄と成長もありえなかった。

熊本県荒尾市・万田坑跡

しかも、「人柱」は、男たちだけの世界ではなかった。炭鉱《ヤマ》は、男たちだけで成り立っていたのではない。いや、ある意味で女たちこそ、炭鉱の主だったのかもしれない。六尺兵児《へこ》ひとつ、裸同然で坑内で時には笑い、時には泣きながら働き続けた女たち。そして選炭場で黙々と石炭からボタを取り除く仕事に従事した女たち。炭坑節は、三井田川炭鉱の女性労働者が歌った「伊田場打選炭唄」から生まれたのだ。炭坑節の二番「あなたがその気で　云うのなら（ヨイヨイ）　思い切ります　別れます　もとの娘の　十八に　返してくれたら　別れます（サノヨイヨイ）」。不覚にも私は、この二番を知らなかった。炭坑節は、虐げられ、蔑《さげす》まれ続けて来た女たちの哀歌だったのかもしれない。この恨み節を含んだ炭坑節が、戦後復興の応援歌として甦ったとは、何という皮肉であろうか。『アララギ』に出詠しながらも、二六歳（数え年）で夭折《ようせつ》した炭鉱歌人・山口好《やまぐちこのむ》の歌「落盤におしつぶされしまはだかの女人をみたりあかりの下に」は、女たちの鬼哭啾々《きこくしゅうしゅう》を語って余りある。

　彼女たちの思いを胸に、三池炭鉱の宮浦坑跡にひときわ聳える煉瓦の煙突を見上げたとき、煙突が何を表しているのか、分かったような気がした。それは、驀進《ばくしん》する近代日本の象徴であり、月はその吐き出す煙で悲哀を味わわざるをえなかった人々の姿を表していたのだ。

光を求めた果てに——山河破れて国在り

エネルギー源をめぐる近代日本の歴史は、主力の石炭からはじまり、やがて廉価な海外の石炭を取り込みながら、石油、天然ガス、原子力などを組み合わせたエネルギーミックス（電源構成）の時代へと移り変わっていった。それでも、「エネルギーは国家なり」の基本的な方針は変わらないままだ。とくに、「国策民営」の花形となったのは、原子力エネルギーという名の「核エネルギー」である。ウラン235の核分裂では、同じ量の石炭の三〇〇万倍の発熱量を出す（バーナード・L・コーエン『原子の心臓』）と言われ、この夢のようなエネルギーは国家の垂涎《すいぜん》の的になったのだ。

過ちの墓標

ただし、「核エネルギー」に取り憑《つ》かれ、それに輝かしい未来を託そうとしたのは、何も国家や電力会社だけではない。フツーの大人が、子どもが、「魔法のエネルギー」に取り憑かれ、そこに光を、明るさを、希望を見いだそうとしたのだ。

「原子力　明るい未来のエネルギー」。帰還困難区域に指定され、ゴーストタウンと化した福島県双葉町の商店街の入り口にかかるゲート型の大きな看板の標語だ。二〇一五（平成二七）年の暮れ、福島県浜通りにしては珍しく粉雪が舞っていた。案内役の大沼勇治さんは、まるで悔恨の墓標でも眺めるように看板を仰ぎ見ながら、「どうしてもこれを残しておきたい」と呟《つぶや》いた。

標語は、原子炉増設の気運を高めようと双葉町が公募したなかから選ばれた、かつての大沼少年作のものだったのだ。しかし、その明るい未来に自らの未来を託そうとした大沼さんの夢は、無残にも裏切られてしまった。看板の目と鼻の先の所に東京電力関係者を相手にオール電化のアパートを建て、営業も順調にいきそうだった矢先、あの原発事故に見舞われ、避難を余儀なくされてしまったからだ。

大沼さんにとって、自らが思いついた看板の標語は、愚行と過ちの墓標に見えるに違いない。しかし、その愚かさと過ちを誰が笑えるだろうか。

原発事故で人生を狂わされながらも、必死でその意味を問いつめ、現地に踏みとどまろうとしているのは、大沼さんだけではない。吉沢正巳さんもその一人だ。

福島第一原発から北西の方向に一四キロ、浪江町にある「希望の牧場」の主が、吉沢さんだ。巨大地震で段々畑のように大きく横に裂けたような牧場の入り口には、古いタイヤショベルが置かれ、「決死救命、団結！」のスプレー文字が目を引く。人見知りする気配もない牛たちの顔は、スタンチョン（牛の頸部《けいぶ》を挟んで安定させるつなぎ止め具）で首を固定された牛たちとは違って、みな、生き生きとして、半ば野生化したように元気だ。しかし、これらの牛はすべて被曝《ひばく》しており、「動くがれき」として、殺処分の対象となっていたのだ。

餓死か殺処分のどちらかを選ばざるをえない牛たちを生かし、原発事故の悲惨を後世に伝え、「絶望の牧場」を「希望の牧場」につくり替える。これが、吉沢さんが唱える「希望の牧場・ふくしま」のプロジェクトである。

小さな団結小屋のような事務所で、吉沢さんは時おり、節くれだった手で涙を拭いながら、まるで自分に語りかけるように一時間余りにわたって胸の内を明かしてくれた。警戒区域内で飼育されていた約三五〇〇頭の牛、三万頭の豚の過半数が餓死し、四四万羽の鶏が同じ運命を辿り、そして餓死した家畜の死肉を野生化し飢えた犬や豚が食らう。それは、まさしくこの世の地獄であり、「牛を飼っているベコ屋」の吉沢さんには、死ぬほどつらい光景だったに違いない。

吉沢さんの口から出た「棄民」という言葉がずっと耳朶《じだ》に残った。牧場は、満州開拓民として中国東北部に入植し、その後、国策により「棄民」となった、吉沢さんの父・正三さんが開拓した土地だったのだ。満州への移民と原発推進、そのどちらも国策だった。二代にわたって吉沢さんは、国策に翻弄されて来たことになる。帰り際、吉沢さんの肩越しにずっと遠く福島第一原発の排気筒が見えた。

目に見えぬ炭塵

明くる日も、浜通りには珍しく粉雪が震えるように舞っていた。いよいよ福島第一原発のなかに入るのだ。少々、胸が高鳴り、軽い緊張が走る。案内役の東電社員もいささか緊張した面持ちに見える。それでも、用意周到に準備されていたのか、取材はひとつひとつの検問を通過するように順調に進んでいった。

第一原発の正門近くに建つ大型休憩所二階の食堂では、作業員のみんなが、大熊町の福島給食センターで調理された温かいメニューにありつくことができるようになっていた。賑《にぎ》わいはフツーの社員食堂と変わりはない。談笑まじりの声があちこちから聞こえ、ここがあの水素爆発を起こした原発のなかだとは思えないほどだ。それでも、作業員の間に緊張のようなものが走っているように見えるのは、私の思い過ごしだろうか。

確かに、原発の構内全体では除染や「フェーシング」などの効果が出て来たのか、二〇一五年度は全作業員の累積被曝線量が上限年間五〇ミリシーベルトを下回った。いまは、一〜四号機周辺を除く原発内の九〇%以上が全面マスク着用の対象外になっている。それでも、「浴びる放射線がこれより少なければ安全であるという意味の『閾値《しきいち》』は存在しない」（山本義隆

第一章　エネルギーは国家なり

福島県大熊町・双葉町　福島第一原発

『原子・原子核・原子力――わたしが講義で伝えたかったこと』）という説もあるくらいである。作業員のなかに「晩発性障害」への不安がまったくないと言えば、嘘《うそ》になるかもしれない。

作業員の環境は改善され、確実にひと頃よりは安定していることは間違いない。とはいえ、原子炉圧力容器から溶け出した燃料棒が残る一～三号機の放射線量は依然として高く、原子炉建屋内の長時間労働は不可能であるのも事実だ。

それにしても驚かされるのは、構内の広大さと、至る所に犇《ひし》めくように林立する汚染水用のタンクと、その間を絡み合いながら縫うように走る配管の多さだ。まるで、この世のものとは思えないＳＦの世界を見ているようだ。

タンクの解体作業の進む「Ｈ２エリア」に佇《たたず》んでいると、あの軍艦島の、だらりと垂れ下がった巨大な肺臓のような廃墟の建物の姿が浮かんで来そうだった。朽ちた建物の壁に記された言葉が甦って来る。「あれから幾十年！　この端島は荒れるにまかせ　朽ち果てゝくち果てゝいた　この島はもう再びよみがえることはない」

原発事故から六年半余りが経《た》った二〇一七（平成二九）年一〇月の時点で、福島県民の三四人に一人にあたる約五万五〇〇〇人が避難生活を続けており、避難指示の出た自治体の大半で帰還希望者は少数派になりつつある。「山河破れて国在り」と言うべきか。それでも、大沼さんや吉沢さんのように、「失地回復」に立ち上がる人々の願いはこれからも生き続けていくに違いない。その願いが継承されていく限り、国策に伴う数多くの「人柱」の歴史が埋もれて消えていくことはないだろう。目に見える炭塵から、放射能という、目に見えない炭塵まで、「エネルギーは国家なり」の国策の歩みには、数知れない「人柱」の血と汗と涙が染みついている。

第二章
貧困と格差の源流

甦る「敗亡の発展」——豊かさのなか、幼き犠牲者

かつて幼い犠牲者たちが戦争から最悪の仕打ちを受けたとすれば、現代の日本で幼い犠牲者たちが最悪の仕打ちを受けているのは、貧困からである。食事を犬のように食べていた四歳の子ども、自動販売機の裏で暖を取って寝ていた幼い兄弟など、悲惨な報告が後を絶たない。

日本の子どもの相対的貧困率は、二〇一五（平成二七）年の推計で一三・九％（厚生労働省「平成二八年国民生活基礎調査」）に達し、ＯＥＣＤ（経済協力開発機構）の平均値を上回っている。なぜ、これほどまでに子どもの貧困が見過ごされて来たのか。

極端な時代

敗戦から間もなく、作家の大佛次郎《おさらぎじろう》は英国の知人から、なぜ日本人は浮浪児を黙って見ているだけなのかと聞かれて、経済的な事情と答えた後で、それは正直な答えではなく、「日本人は他の国民よりも愛情の湧く場所の底が浅いから」（ジョン・ダワー『敗北を抱きしめて』）だ

と考えたという。いま、「他人への愛情に欠ける国民」という、大佛の突き放した断定が、半ば当てはまるような、貧寒な現実が幼い犠牲者たちを生み出しているのである。

敗戦後の困窮期ならいざ知らず、なぜ豊かなはずの経済大国・日本のなかで七人に一人の割合で、幼い犠牲者たちが最悪の仕打ちを受けなければならないのか。

その背景に貧困を生み出す豊かさがあることは言うまでもない。それは、子どもやひとり親の家庭のような、社会の最も弱い部分を犠牲にして増殖する豊かさである。その豊かさは、極端な富の偏在と集中をもたらすとともに、格差を生み出し、富が富を再生産するような豊かさなのだ。

同じ国民のなかで、所得トップ一〇％のシェアが全体の四割を占める格差・不平等社会。これが戦後七〇年の日本の現実である。それは、多分に幻想的な部分があったとしても、相対的な剥奪感の希薄な中流社会の姿とはかけ離れている。

しかし、「20世紀に格差を大幅に縮小させたのは、戦争の混沌《こんとん》とそれに伴う経済的、政治的ショック」であり、「過去を帳消しにし、白紙状態からの社会再始動を可能にしたのは、調和のとれた民主的合理性や経済的合理性ではなく、戦争だった」（トマ・ピケティ『21世紀の資本』）とすれば、格差と不平等は、「あの戦争」の記憶の風化とともに、ますます拡大しつつあると言うべきか。

資産をもった中流の台頭が、富の分配で重要な構造的変化だったとすれば、その変化の影響は薄れ、資本主義はその「本来の」姿に戻りつつあるのだ。

格差は、階層間だけにとどまらない。それは、何よりも人の住む場所の格差となって再び、かつての「極端な時代」(エリック・ホブズボーム)を再現しつつある。

総務省発表の資料により、二〇一四(平成二六)年度の全国一七四一市区町村の所得(納税義務者一人当たりの所得)を算出したデータによれば、トップは東京都港区で、平均所得一二六六万七〇一九円になり、最下位は平均所得が一九三万八九七四円の熊本県球磨《くま》村である。

一方は国民平均所得の二倍以上、他方はワーキングプアレベル。実に六倍以上の格差だ。これほどの格差であれば、港区の住民には球磨村は外国であり、逆に球磨村の住民には港区は外国と見えるに違いない。ある意味で、国民総所得や国民総資産といった概念そのものが成り立たなくなりつつあるのだ。

煌々たる夜景

だが、こうした格差は、過去になかったわけではない。ほぼ一〇〇年前の日本。それは、最も豊かな一〇%が実質的に富を所有する時代であり、富の分布の中間四〇%が底辺五〇%とほぼ同じくらい貧しい、中流階級なき社会だった。

中流社会が切り詰められ、それが「尤も粗悪な見苦しき構へ」の住宅となって場末の東京市に現れる有り様を、文豪・夏目漱石は、「敗亡の発展」（『それから』）と名付けた。この「敗亡の発展」は、一〇〇年後の平成のいま、港区と球磨村のような、目も眩《くら》むような格差を生み出しながら甦ったのだろうか。

ただそれでも、問わずにはいられない。港区は、球磨村より六倍「幸せ」であり、球磨村は港区の六分の一しか「幸せ」でないのか、と。

港区六本木に聳え立つ六本木ヒルズの東京シティビュー（屋内展望フロア五二階）から一望できる東京の夜景は、壮大なプラネタリウムを観《み》ているような心地にさせてくれる。

昼間なら、きっとここかしこに見えるに違いない「粗悪な見苦しき構へ」もかき消され、無数の星たちが地表に落ちて輝いていると思えるほど、東京の夜景は煌《きら》びやかだ。

展望フロアの東、汐留・お台場方面には、虎ノ門ヒルズや東京タワーがひときわ高く聳え、西の渋谷・青山・新宿方面には、首都高速三号渋谷線がまるで黄金の川のように縦に延び、その右には青山霊園がひっそりと黒々と横たわっている。そしてその先には、新宿の高層ビル群が煌々《こうこう》と光を放ち、光の饗宴《きょうえん》を楽しんでいるようだ。

日本一の所得水準を誇る港区は、日本のビジネスの中心であり、メガロポリス構想のコア・ゾーンとして、「東京のなかの東京」とも言える最先端のグローバル・エリアでもある。

在日米大使館をはじめ、各国の大使館が居を構え、外資系企業や最新の複合商業施設、世界的な高級ホテルが集中し、民間放送テレビのキー局のすべてが本社を置く港区。昼間の人口は夜間の四・三倍に膨れ上がり、夜も片時も眠らない港区。港区は、まさしく日本の豊かさそのものとも言える。

豊かな場所に人が蝟集《いしゅう》するのは当然だ。実際、港区は、新ミレニアムになってからずっと右肩上がりに人口が増え続け、しかも、全国の年齢別人口分布とは違って、二〇代から四〇代の働き盛りの年齢層が五割を占める場所でもある。要するに、港区は、人口減少と少子高齢化の圧力から免れた、活力とエネルギーに富んだ街なのだ。

しかし、港区のすべてがずっと豊かであったわけではない。豊かさの象徴である港区も、そのなかに貧困を抱え込んでいたのである。日本一豊かな東京のなかの東京・港区のなかの貧困。それを確かめることで何が見えて来るのか。

それを知るために、私は港区の郷土資料館を訪ねることにした。グローバル・エリアのなかに「郷土」を冠する区立の資料館があることに、何かちぐはぐな違和感を抱きながらも、港区をひとつの地域として読み直したいと思ったからだ。

切り捨て生む倫理的蔑視——身の丈の未来描く里山

　ＪＲ田町駅から歩いて五分、港区立三田図書館の四階が港郷土資料館だ。日本で最も「豊かな」港区の郷土資料館である。きっと豪華な建物に違いないと思ったが、予想に反し、建物はかなり古く、こぢんまりとした佇まいに、やや拍子抜けしてしまった。

　資料館は、図書館の付属施設といった趣で、ひっそりとしている。応対してくれた資料館の主査の高山優さんと文化財保護調査員の平田秀勝さんは、史料編纂《へんさん》所の研究員といった感じで、江戸時代にまで遡《さかのぼ》って港区の成り立ちとその変遷を説明してくれた。

帝都のスラム

　彼らの話から、数多くの大名屋敷や神社、仏閣などが犇めくとともに、区の東の周辺には貧民窟が広がり、中心と周辺、聖と賤、富と貧とが共在した港区の姿が浮かび上がって来る。

　この構造は、近代に入っても再生産され、明治期、芝新網町は、帝都三大スラムのひとつとして知られていた。それは、第一京浜国道、首都高速、さらにＪＲ線に挟まれた浜松町二丁目の南半分に当たる地区である。いまでは、勤め帰りのサラリーマンが、ほろ酔い加減に日頃のウサを晴らすのに格好の飲み屋が立ち並ぶ一角になっている。この地区が、かつては帝都・東京の最下層の貧民たちが住み着き、「日本一の塵芥場《じんかいば》」になっていたとは想像しがたい。

　ただし、そこには単なる貧民が屯《たむろ》していたのではない。「人足日傭取《ひようとり》（ひやとい）」、「車夫、車力、土方」や「屑拾《くずひろい》、人相見」や「下駄《げた》の歯入」、さらに「大道講釈、かっぽれ、ちょぼくれ、かどつけ」といった芸人など、「世界有らゆる稼業」の「細民の類《たぐい》」（横山源之助『日本之下層社会』）が蝟集していたのである。悲惨で、汚臭漂う、不衛生の極みとはいえ、彼らは都市のインフォーマルセクターの稼業によってかろうじて生きながらえていた。

彼らは、都市社会の厄介者として、決して本格的な救済の対象になることはなかった。一八七四（明治七）年、今日の生活保護法に相当する「恤 救規則《じゆつきゆう》」が制定されたが、それはあくまでも極貧の独身者を対象としたものでしかなかった。むしろ、貧民すなわち下層民は、遊民すなわち徒食民とみなされ、厳しい制限救済主義が課されたのである。つまり「濫救《らんきゆう》（要件を満たしていない者を保護すること）」は、低所得者層に依存心を植えつけ、結果として「惰《だ》民《みん》」を増加させると考えられたのだ。

この弱者切り捨てと、社会保障の「効率的な運用」、その恩恵主義的な考えが、今日に至るまで、低福祉政策の口実に使われて来たと言えないだろうか。七人に一人の割合で子どもの貧困が進み、ひとり親の家庭の五〇%が貧困に陥り、貧困の連鎖が繰り返されているにもかかわらず、どうして政府だけでなく、世の中の動きが鈍いのか。その根っこにあるのは、「日本人の意識の奥深いところにある貧者に対する倫理的な蔑視」（紀田順一郎『東京の下層社会』）観ではないのか。この考えでは、「経済的な失敗者は、そのまま道徳的な敗北者」（松沢裕作・井手英策「分断社会の原風景――「獣の世」としての日本」、『分断社会・日本――なぜ私たちは引き裂かれるのか』）とみなされることになるのである。

「道徳的な敗北者」としての貧民や下層民に対する仕打ちは、「追放」と「散布」だった。大規模な都市火災や地震、戦争を経た再開発を通じて、彼らは、東京の三大スラム（下谷万年町、四谷鮫河橋そして芝新網町）から北豊島郡（現在の板橋、荒川、豊島区）などに「追放」、「散布」された。いまや、東京のなかの貧困のありかはあちこちに広がる。そして港区は貧困の気配すら感じられない、超リッチゾーンになっているのだ。

モラルエコノミー

それでは、納税義務者一人当たりの所得が港区の六分の一程度の水準にある熊本県球磨村は、貧困のありかの極限的な姿を示しているのだろうか。

球磨村は、県の南部、球磨川中流部に位置している小さな村だ。江戸時代は、相良藩に属し、一八八九（明治二二）年の町村制施行以来、一九五四（昭和二九）年の町村合併まで渡、一勝地、神瀬の三つの村が旧村の行政区をなしていた。村の主な産業は林業と農業だ。こうした通り一遍の情報を知れば、山奥の鄙びた、貧しい寒村のイメージしか湧いて来ないかもしれない。

しかし、エメラルドグリーンの球磨川に注ぐ那良川に沿って曲がりくねった道をのぼっていくと、薄い煙のような靄《もや》の合間からひらけて来る棚田の眺望の美しさに思わず息を呑《の》んでしま

熊本県球磨村

う。大小さまざまな不整形の数多くの棚田は、「日本の棚田百選」にも選ばれた松谷棚田である。ここは桃源郷かと美しい景観に酔っていると、車は間もなく「田舎の体験交流館さんがうら」に到着した。

村内の廃校を活用した「さんがうら」は、懐かしい学校の佇まいが残る体験交流施設である。施設長の冨永敏夫さんは、出身地の球磨村を出て、長らく関東周辺で生活し、五三歳で村に戻ったUターン組の一人だ。地域の歴史に造詣が深く、日本や世界の情勢にも精通した冨永さんが語ってくれる球磨村の姿は、明らかに東京のなかの貧困とはまったく異質だ。

球磨村には、いわゆる「モラルエコノミー」がまだ残っているのである。「モラルエコノミー」とは、教科書風に言えば、市場経済に完全に呑み込まれていない農村社会のなかで、共同体的な価値や倫理が規範的な力をもち、住民たちの間に共同体的な労働慣行や互酬的な分配の関係、貧困の「共有」などの日常的な実践形態から成り立つ社会関係を指している。

棚田は、何よりも、林業や炭焼き、鹿やイノシシの狩猟で生きる山の民が、幾世代にもわたる石垣づくりの共同作業を営々と積み重ね、受け継いで来た、生きた遺産にほかならない。この山の民の執念のような共同作業を通じて共同体的な価値や倫理が村のなかに醸成され、受け継がれて来たに違いない。棚田の米、小さな菜園の野菜、湧き水、食材の鹿やイノシシの肉、木炭など、貨幣に換算できない実質的な生活資糧が球磨村には備わっているのだ。

とはいえ、球磨村も過疎地特有の変化の波濤《はとう》に洗われつつある。球磨村は、一九五五（昭和三〇）年の一万二八三三人をピークに、全国に較《くら》べて半世紀も早く人口減少に転じ、いまでは四〇〇〇人を切ってしまった超過疎社会でもある。逆に言えば、球磨村は、日本のどこよりも早く、半世紀も前から日本の未来を先取りしていたことになる。

少子高齢化と人口減少、地域経済の収縮と産業の衰退は、棚田の衰亡、荒廃すら危惧されるほど深刻だ。だが、それにもかかわらず、冨永さんをはじめ、住民たちは決して悲嘆しているわけではない。自然の恵みと村の伝統、地域の資源を活《い》かしつつ、いかにして新たな人と人との出会いや交流、ネットワークを広げていくか、球磨村は新たな地域おこしに取り組んでいるのである。それは、東京を中心とするメガロポリス構想とは比較にもならない、小さな試みに違いない。

しかし、そのなかから、身の丈に合った新たな「モラルエコノミー」の未来の姿が見えて来るのではないだろうか。それは、もしかしたら、格差と貧困の近代を見直す手がかりになるかもしれないのだ。

第三章
人づくりの軌跡

開国と統制の二律背反——明治を彷彿させる現代

大学をめぐっていま、二極分化が進みつつある。「G」と「L」へ、がそれだ。「G」は「グローバル」(Global)、「L」は「ローカル」(Local)を指している。言うまでもなく、「G」と「L」は同じレベルで併存しているわけではない。「G」の大学はピラミッドの頂点に立ち、「L」の大学はその底辺に位置づけられている。

この点は、文部科学省が推進する「スーパーグローバル大学創成支援事業」を見ても明らかである。「世界レベルの教育研究」の実績がある大学、さらに「先導的試行に挑戦し我が国の大学の国際化を牽引する大学」。これらの「スーパーグローバル大学」に選ばれたのは、旧帝国大学や有名私立大学を含めて、わずかに三七大学に過ぎない。「L」の大学は、「G」以外のその他、多数の大学を指しているのである。

「G」の大学が、国際化と組織改革を推し進め、教育と研究の分野で強い国際競争力を発揮できる少数のエリート大学だとすると、「L」の大学は、ローカルな経済圏で即戦力となる人材の輩出に特化した大学ということになる。極論すれば、大学にふさわしい学問や教育は「G」に限定され、「L」は、大学とは名ばかりの、事実上の「職業訓練校」として存続すべきだということになりかねない。

こうした競争力と効率性、生産性を基準とする大学の二極分化は、「G」の大学ではなく、もっぱら「L」の大学に激しい淘汰《とうた》を迫り、「L」の大学間の統廃合を推し進めることになるのではないか。要するに、いくつかの「L」の大学は潰《つぶ》れ、潰れなくても大胆なリストラを余儀なくされ、他大学や専門学校などへの「身売り」すらまれではなくなるかもしれないのだ。

それにしても、グローバルな大学が目指す「人材」とはどんな人間を指しているのだろうか。自由な責任の主体として、機敏で汎用《はんよう》性を備え、不確実な変化に適応し、しかも自主的な決定を行い、常にスキルアップを怠らない「人材」だろうか。

こうしたグローバルな「個人経歴モデル」がもて囃《はや》される傾向は過去にもなかったわけではない。「欧化」としての文明開化を不可避とみなし、近代科学技術の導入に励む学校制度を確立した時代である。この明治国家初期の「個人経歴モデル」は、代表的な洋学者の福沢諭吉の言葉を借りれば、普遍的な科学的精神を身につけた「西洋流の人」（『福澤全集緒言』一八九七年）となることを意味していた。

しかし、明治一〇年代になると、「洋魂」の要をなす自由と民権を求める時代のうねりに対して、早くも反動が現れ、「前代の支配に有効であった厳格主義に立つ儒学復活」が進み、「大日本帝国憲法下、教育勅語体制」が出来、近代日本の「教育の体系」(山住正己校注『日本近代思想大系6　教育の体系』「解説」)が整えられていくことになる。

そして幕末維新の「開国」、敗戦後の「開国」そして現代日本の第三の「開国」とも言うべきグローバル化の浸潤のなかで、あたかも明治一〇年代の日本のように、愛国心の鼓舞や新たな「公共の精神」の振興、学校での国家的儀式の義務化が進もうとしている。グローバル化は、かつての「欧化」と同じく、避けられない歴史の「勢い」と認識されながらも、同時に私欲の無制限な解放と公共秩序の紊乱《ぶんらん》、国家的統合の危機とみなされているのである。

歴史刻む教科書

「我が国と郷土を愛する」態度を養うという愛国心や「公共の精神」といった文言を盛り込んだ「改正教育基本法」(二〇〇六年)と、さらに主語を「国民」から「国」に転換しようとする政権与党の「改憲草案」の前文を読めば、明治一〇年代にかけての、「公議輿論《よろん》」から「有司専制」への転換を彷彿《ほうふつ》させる。

もちろん、それは、単なる「復古」ではないに違いない。グローバル化という「開かれた社会」への「開国」が国力の源泉と考えられているからだ。教育もまた、先の「スーパーグローバル大学」に見たような、国際化を推し進めていく方向で動いていかざるをえない。しかし、開いていけばいくほど、閉ざそうとする力が隆起し、より国家への求心力が強まりつつある。

この二律背反的なベクトルは、具体的には教育の教材となる教科書の内容とその制度にくっきりと反映されざるをえない。裏を返して言えば、教科書の変遷には、近代日本が現在にいたるまで、どんな「人材」を求め、どんな人間、どんな「国民」を陶冶《とうや》しようとして来たのか、その歴史が刻まれているのである。

過去の教科書の現物をこの目で確かめ、その紙質や判型、文字、図形、色具合まで分かれば、日本の教育が何を目指したのか、その理想と現実の一端が分かるかもしれない。そう思い立って訪れたのは、東京・北区にある東書文庫（東京書籍附設教科書図書館）である。

北区の有形文化財に指定され、経済産業省の近代化産業遺産の認定を受けている、レトロな感じの、黄色みがかったタイルばりの端正な建物だ。

東書文庫は、東京書籍の創立二五周年事業として企画され、二・二六事件の数カ月後（一九三六年六月二五日）、竣工《しゅんこう》の運びとなった。開館当初の所蔵本は約五五〇〇冊、その後、日中戦争勃発の翌年（一九三八年）、当時の文部省より明治時代を中心にした検定教科書など四万七〇〇〇冊の寄贈を受け、本格的な教科書の図書館としての歴史を歩みはじめ、奇跡的に空襲を免れ、開館当時の風情をいまに残している。

案内してくれたのは、館長の荒井登美也さんと東京書籍の専務取締役の中野研一さん、そして司書の方々だ。まるで教科書の生き字引とも言える荒井さんからひと通りの講釈を受け、書庫に入る。驚くのは、その数の多さである。教科書や版木、掛図、原画など、優に一五万点を超える貴重な資料が所蔵されているのである。

目を引いたのは、日清・日露・日中戦争など、日本の海外進出と版図の拡大に伴い、琉球・沖縄から植民地の台湾や朝鮮半島、旧満州国さらにそれ以外の地域で使用されていた教科書や教授書の類いが、時代別、地域別に保管されていることだ。そこには、「海を渡った教科書」の歴史が具体的な資料となっていまに伝えられているのである。

そのなかでとくに興味をそそるのは、近代国家として出発した明治国家の初期、学制が整備され、教育の基本原理となる教育勅語の渙発以前の、混沌としながらも、さまざまな教育理念が鬩《せめ》ぎ合っていた時代の「私擬教科書」のようなものと、敗戦から間もなく、劣悪な用紙や印刷事情のなかで当時の文部省によって編集されながらも、「児童用の参考書の一種」として発刊された教科書だ。

そこには、近代日本の歴史のなかでまれに見るほどに、上からの統制が緩んだ、自由闊達《かったつ》な教科書、したがって国家目的だけに従属しない教育の可能性が仄見《ほのみ》えるようだった。

第三章　人づくりの軌跡

東京都北区・東書文庫

閉塞していく自由な空間——矛盾に喘ぐ児童や学生

教育をめぐる自由や多様性の面から、近代日本の歴史を振りかえると、奇妙な捻《ねじ》れがあることに気づく。圧倒的な外部の力が国の行く末に大きく伸《の》し掛かり、国家の専一的な権限や支配が掣肘《せいちゆう》されている時に、比較的自由で活発な教育の可能性が開かれていることである。その時期は大まかに言えば、明治初期と、日本が敗戦を余儀なくされた後の占領期だ。

訪れた東京・北区の東書文庫で、このふたつの時期の教科用図書（教科書）を見る限り、国家の強い介入や画一的な統制が緩く、その内容も多様な解釈やイメージに富んでいる。

進取から錬成へ

一八七二（明治五）年に学制が発布され、全国に学校が設けられ、大学を中心とする学校制度への第一歩が踏み出された。学制序文（学事奨励に関する被仰出書《おおせいだされしょ》）には「身ヲ修メ智ヲ開キ才芸ヲ長ズル」ことが謳われている。身分の差なく、国民各自が立身・治産・昌業に励むことが教育の目的として掲げられたのだ。

当時の「小学教則」に定められた教科書は、いわば不揃《ふぞろ》いのリンゴが混在するように、師範学校や文部省が編集出版した教科書や福沢諭吉の一連の啓蒙《けいもう》書（『西洋事情』『学問のすゝめ』『世界国尽』など）、地方独自の教科書などが併存する状態だった。西洋列強の脅威にさらされながらも、文明開化へと突き進む明治国家初期の教育は、杓子定規《しやくしじようぎ》な鋳型に嵌《はま》ったものではなく、不揃いではあれ、闊達な多様性に富んでいた。

しかし、明治一〇年代に入り、転換期を迎える。一八七九（明治一二）年に学制が廃止、「教育令」が公布される。『教科書でみる近現代日本の教育』（海後宗臣・仲新・寺崎昌男）によると、画一的な中央集権の統制を緩め、教育の権限を大幅に地方に委ね、学制を廃止して学校を町村単位で設置するとともに、選挙で選ばれた学務委員によって学校が管理されるようになった。それは、まるで戦後の一般投票による教育委員の選出と教育行政の地方分権を彷彿させるような教育方針だった。

実際、当時の教科書は、翻訳教科書の色合いが強いとはいえ、実にバラエティーに富み、闊達で進取の気性に溢れている。学校で目を爛々《らんらん》と輝かせ、教科書から知らなかった知識を貪欲に吸い取ろうとする児童や学生たちの生き生きとした姿が目に浮かびそうだ。

しかし、こうした傾向を後押ししていた自由民権の思想や運動が退潮すると、復古的な道徳教育と国家の統制・管理が強化され、教育への上からの介入が浸透していくことになる。「大日本帝国憲法」の発布（一八八九年）と「教育勅語」（「教育ニ関スル勅語」）の下賜（一八九〇年）など、中央集権的な教育制度が整い、国民が涵養《かんよう》すべき「徳性」が定められていく。「尊王愛国の志気」や「貞淑の美徳」「国民たるの志操」などが称揚され、それを教育の現場を通じて「涵養」していくために、一八八六（明治一九）年、検定制度が設けられ、検定による国家統制が進められていくことになる。

その後、日清戦争を経て国家主義の気運が盛り上がり、日露戦争へと向かうなか、一九〇二（明治三五）年、教科書疑獄事件が起きると、一挙に教科書の国定化の動きが噴き出し、小学教科書国定化の法令を通じて、日本は四〇年余り、終戦に至るまで国定教科書の時代を経験することになる。

その特徴は、「国民学校令」に記されている「錬磨育成」を簡略化した「錬成」という言葉が示しているように、「児童の陶冶性を出発点として、皇国の道にのっとり、児童の内面から全能力を正しい目標に集中させて錬磨し、それによって国民的な性格を育成する」（『教科書でみる近現代日本の教育』）ことが目指されていたのである。

画期的な教科書

やがて、そうした教育の目標は、敗戦によって潰《つい》え去った。圧倒的な「アメリカの存在」が日本列島を覆う占領下、国家という重しが取り除かれて、青々とした空に太陽の光が燦々《さんさん》と降り注ぐような、自由な空間が開けたのだ。

作家の坂口安吾は『堕落論』で、いかにも戦後の無頼派的な口吻《こうふん》で、敗戦によって可能になった自由な空間を言祝いでいるが、「国体教育主義」に染まった人々にとっては、屈辱以外の何ものでもなかったはずだ。

それでも、教育の民主化とともに、国定教科書制度による行き過ぎた画一化と統制は廃止され、編集を民間に委ねる検定教科書制度へと移行していく。だが、画期的なことに、文部省が終戦時の最初の教科書『くにのあゆみ』を編集し、刊行しているのである。国によってつくられながら、従来の国定とはまったく違う教科書、それが『くにのあゆみ』だ。

戦時中の『初等科国史』と比較してみれば、その違いは歴然としている。何よりも、平易で分かりやすい。漢字も少なく、ひらがなが中心で、児童に語りかけるような口調が印象的だ。そして「万邦無比」に通じる日本特殊論は影をひそめ、世界のなかの日本の位置が相対化されながら描かれ、その歴史も人類史に通じる記述になっている。

その後も文部省著作の教科書が刊行されたが、「児童用の参考書の一種」に過ぎないと記しているものもあった。しかも、試案としてつくられた「学習指導要領」も、あくまでも「教師の手引き」と位置づけられ、教師を縛る基準とみなされていたわけではない。

さらに、教育委員会制度による教育行政の地方分権化が進み、教育現場の多様化と地域的な特色が広がった。それは、未完に終わった明治初期の自由民権の思想と運動が、貴重な犠牲を払って全面的に甦ったと言えないこともない。

しかし、日本の独立回復（一九五二年）とともに、あたかも明治一〇年代と同じように、国家の統制と介入が本格化し、戦前の「修身」復活の声が上がるとともに、戦後教育の見直しが進められていく。昭和三〇年代になると、「学習指導要領」の法的拘束性が明確化されるとともに、教科書検定の厳格化と教科書の内容に対する詳細なチェックがなされ、さらに昭和五〇年代後半には「偏向教育」批判に触発された一部の政治家から、「権利だけが強調され、義務についての記述に乏しい」とか、「愛国心についての記述がない」といった激しい非難が寄せられることになった。

こうして教科書とそれをめぐる検定、その基準や手続き、プロセス、教師の指導方針など、さまざまなレベルで、煩瑣《はんさ》なマニュアル化と画一化、統制が深まり、明治初期や終戦直後に漲っていた自由で多様な教育の空間はますます、閉塞《へいそく》していくことになった。

統制と画一化、秩序と恭順。それは、かつての「錬磨育成」のイメージを彷彿とさせないだろうか。グローバル化に対応して、一方では過剰なほどに自由と自己責任に基づく「個人経歴モデル」としての人間力の陶冶が叫ばれ、他方では明治初期と終戦後の一時期を除いた、近代日本の教育の歴史に纏綿《てんめん》する国家統制が、いま、より強化されようとしているのである。

このブレーキとアクセルを同時に踏むような矛盾のなかで喘いでいるのは、教育の主人公であるはずの児童や学生たちではないのか。

神話の崩壊、揺らぐ大学——成熟社会に描けぬ存在意義

日本の教育はどこへ行くのか。それを占うカギが、高等教育機関としての大学の行方にあることは間違いない。それではいま、日本の大学にどんな変化の波が押し寄せているのだろうか。大学が教育制度の出口に位置する高等教育機関とはいえ、すでに進学率が五〇％に達する現状では、「高等教育」の意味は有名無実となっている。「学歴社会という社会認識に支えられて、新たな階層的秩序が戦後日本につくられた」（苅谷剛彦『大衆教育社会のゆくえ』）結果、戦後の日本では同世代の若者の二人に一人が大学生となり、大学は高等教育機関であるという位置づけが揺らぎつつあるのだ。

構造改革に喘ぐ

戦後の高度成長期、学力という名の選抜の資格を得るための学歴は、社会的な上昇移動のチ

ヤンスをもたらし、安定したライフサイクルにつながるという「神話」と結びつくことになった。

門地や身分、血統や出身にかかわりなく、学歴のフィルターを通れば、それ以外では手の届かない地位（ステータス）を獲得し、「生まれ変わる」ことができる。この変身願望が、平等主義と能力主義（メリットクラシー）と結びつき、学歴賦与《ふよ》機関としての大学は、多くの若者を惹《ひ》きつけた。

しかし、日本の経済が低成長からゼロ成長、あるいはマイナス成長に陥り、少子高齢化が急速な勢いで進むとともに、学歴による地位獲得（地位配分）と、それを通じた社会統合との蜜月は綻《ほころ》びを見せはじめる。

学歴を獲得し、社会的な地位を獲得するために、よりランクの高い大学に入学する、そのために、「がんばる」し、「みんながんばればできる」という神話（小玉重夫『学力幻想』）が成り立たなくなって来たのだ。社会的地位＝身分というパイそのものが稀少《きしょう》化し、学歴のフィルターを通じても地位の獲得が保障されず、もはや大学は、学歴賦与機関としての役割に安住してはいられなくなった。

にもかかわらず、多くの大学が、この変化に鈍感だった。他方で、そうした変化に対応すべく、大学の構造改革を打ち出した文部科学省の新たな方針は、何よりも地方の国立大学・学部の統廃合となって実現し、さらに二〇〇四（平成一六）年の国立大学の「法人化」へと結実する。「法人化」とは、大学・学部の再編統合が進み、民間の経営手法が導入されるとともに、大学が第三者の評価による市場経済の競争原理にさらされることを意味している。

これに対応して、学生数や教育研究活動の実態などに応じて算出される大学運営費交付金制度が導入され、国立大学はひとつの経営体としてますます、外部資金に依存せざるをえず、産学連携・協力が大学の存続に直結することになった。

こうした大学の構造改革の流れのなかで、苦境に喘いでいるのは、国立大学で言えば、地方の中堅とみなされた大学だ。そうしたなか、世間の耳目を集めたのが、二〇一六（平成二八）年二月に報じられた、新潟大学の、二年間に及ぶ教員人事の原則凍結というニュースである。

いったい新潟大学に何が起きているのか。法人化した国立大学の問題点が典型的な形で露呈しているのではないか。そうした予感をもちつつ、新潟大学を訪ねた。

富国強国

旧六医科大の一角を占める新潟大学の医学部と付属病院である医歯学総合病院のある旭町キャンパスは、さすがに伝統を感じさせる重厚な建物が多く、場所も新潟市街にあって比較的交通の便もよく、環境も整っている。それに較べ、人文教育社会学系と自然科学系が集中する五十嵐キャンパスは、市中心から車で数十分、雪まじりの砂塵《さじん》が舞うような場所の近くにあり、学生たちが屯しそうなカフェもまばらな環境にある。旧正門前には人事凍結に反対する職員組合の立て看板が見える。大学内に人事凍結や待遇をめぐって亀裂が走っているようだ。

企画・評価担当の濱口 哲《さとし》・副学長は、いかにも篤実《とくじつ》な理学系研究者という口ぶりで、大学の抱える問題と、それに対する新しい取り組みについて諄々《じゅんじゅん》と説明してくれた。運営費交付金の低減による財政難や人事凍結、早期退職制度の導入の可否などは、首都圏の私立大学でかつて私が学長として取り組まざるをえなかった問題と似通っていた。ただ、それらの問題にも増して私の興味を引いたのは、「人材育成目標」や「到達目標達成型プログラム」、「点検・評価の結果」や「自己肯定感」といったキーワードだ。

東京大学も含め、三〇年以上に及ぶ私の大学での教歴を振りかえって思うのは、大学はいったい何のために存在するのか、学生はどんな目標と価値を抱いているのかという、「そもそも」論的な問いかけだった。教員も学生も、そしてこの社会も高度成長を終えて以後、目指すべき目標とそれを支える価値を見失っているのではないかという疑念を払拭《ふっしょく》できなかったからだ。

いまから遡ること約一三〇年、師範学校令や小・中学校令に先んじて公布された「帝国大学令」の第一条には、「国家ノ須要《しゅよう》（必須）ニ応スル学術技芸ヲ教授シ及其蘊奥《うんおう》（学術の奥深いところ）ヲ攷究《こうきゅう》（きわめること）スル」と定められている。戦後七三年、「国家ノ須要ニ応スル」に匹敵するものは何だろうか。それは、学生の一人一人の自由な選択に委《まか》せられているのだろうか。だが、どれだけの学生が、達成すべき目標に向けて自らを焚《た》きつける気力と意志を備えているのだろうか。

学歴をフィルターにして「生まれ変わる」という地位＝身分獲得の機会が限られて来るなか、学生たちを焚きつける大学の力はますます、衰えつつある。肝心要の、何のためにという問いに答えられないとすれば、その空洞を埋めるのは、手垢《てあか》にまみれた「富国強国」ということになるのだろうか。

「富国」は、グローバルな市場原理に「応スル」競争力としての学力であり、「強国」は、国家に「応スル」国歌斉唱と国旗掲揚という「愛国心」ということになるのだろうか。高度成長期を終えた成熟社会にふさわしい大学と学びの場が確保されるためには、そうした社会にふさわしい価値の創造が不可欠である。いや、そもそもそうした価値の創造の場こそ、大学に求められる存在意義ではないのか。

しかし、実際に進んでいるのは、そうした価値の空洞化であり、それを埋めるようにますます、国家の統制と管理が強まりつつあるように見える。法人化された国立大学の人文社会系の大学・大学院の見直しや統廃合も、ある意味で新たな〝国家ノ須要ニ応スル〟「戦前の体制への回帰」（室井尚『文系学部解体』）と言えないことはない。戦前の国立の大学が理系の学部に偏重し、実務系を含む文系の学部は私立大学に集中していたからである。

大学を中心に「学力の戦後体制」は確実に終わろうとしているのだろうか。それが「学力の戦前回帰」へと向かうのか。その行方は、大学だけでなく、より広くこの社会の行方にかかっている。

第四章 天災という宿命

社会を暴き出す大震災――戦争に匹敵する問いかけ

二〇一六（平成二八）年四月一四日夜九時二六分、大砲の弾が炸裂《さくれつ》したような強い衝撃で目を覚ました。寝ぼけ眼であたりを見回し、地震であることに気づくのに時間はかからなかった。私がいたのは、熊本城の内堀を流れる坪井川を挟んで、城の眺めが自慢の老舗ホテル、一〇階の一室である。ふと壁を見ると、斜めに亀裂が走っている。「倒壊するかもしれない」。暗い予感が一瞬、閃光《せんこう》のように頭を過《よぎ》る。

それでも、どういうわけか、動転し、慌てふためくことはなかった。叩《たた》き起こされた後の気《け》怠《だる》さもあったのかもしれない。身支度を整え、散乱した持ち物をトランクに詰めて、ドアを開け、非常階段の出口へ。非常時に不釣り合いなほど、春の和らいだ夜気があたりを包んでいる。ロビーでは欧米からの観光客らしい外国人のグループが不安そうな面持ちで屯し、従業員たちが激しく行き交う。

しかし、しばしの安堵《あんど》も束の間、地響きのような気味悪い音が虫の群れのように近づいて来たと思った瞬間、建物が大きく揺れ、恐怖感が身体中を走る。叫び声が聞こえ、ロビーの人の群れはどっと外に飛び出し、不安げにホテルを見上げている。

凶器となった家屋

初めての体験だった、地面が覚束《おぼつか》ないほど弱々しく感じられたのは。周りのみんなもそうだったに違いない。痺《しび》れるような恐怖とともに、不安が伝搬して来るのが分かる。と同時に、熊本市内にある実家の安否が気になる。やっとの思いで空《から》のタクシーを見つけ、実家に辿り着く。家族はみな、無事だった。

私の「罹災《りさい》」体験はここまで。翌日は、都内の大学での講義のために熊本を離れ、結果として私は「本震」を免れたからだ。私が遭遇した「前震」は、「日奈久《ひなぐ》断層帯」の活動によるマグニチュード六・五の地震であり、それから二八時間後（一六日未明）に熊本を襲った「本震」は、日奈久断層帯の北側を走る「布田川断層帯」によるマグニチュード七・三の大地震だった。震源域が約一〇〇キロに及び、断層が連鎖的に活動し、震災から一カ月、震度一以上の地震が一〇〇〇回を上回る内陸型地震は、多くの人にとってまったくの想定外だったはずだ。

そんな地震がまさか熊本で……。「日本列島で最も安心・安全な熊本。火と水と緑の美しいくに・熊本」。県民の多くがそう考えていたに違いない。備えるべきは、風水害であり、大雨と台風、土砂災害が最も恐《こわ》い。こんな固定観念が多くの県民に分《わか》ちもたれていたのだ。耐震化の遅れと、重い屋根瓦。それが被害を広げてしまった。家屋は、凶器となってそこに住まう人々を襲ったのである。

四月二六日の午後、私は本震後初めて来熊し、熊本市中心部から南東へ、市と南阿蘇を結ぶ県道二八号を南に曲がって東区沼山津を過ぎ、やがて町を縦断する九州自動車道の高架をくぐり抜けて、最も被害の大きかった益城町に到着した。損壊し、無残な姿をさらけ出す家屋の数々。まるで一瞬のうちに家屋がくるりと宙返りし、その重みで拉いでしまったようだ。道路脇にまで崩れるように散乱する家屋の一部や家財。所々、地面が隆起し、でこぼこの道路を崩れたブロック塀が塞《ふさ》ぎ、コンクリート製の電信柱がへし折れ、鉄の棒が何本か骸骨のように剝《む》き出しになっている。

地震のエネルギーの凄まじさに息を呑むとともに、私はこの地震の五年前、福島県相馬市の海岸近くで見た荒涼とした光景を想《おも》い出していた。へし折れ、項垂《うなだ》れるようにぶら下がる電信柱。それはまるで、自然の猛威の前に、完全に無条件降伏し、項垂れるしかない人間の弱々しさを暗示しているようだった。

天然への反抗

文豪・夏目漱石の旧制第五高等学校（現・熊本大学）時代の教え子で、物理学者として地震

地震直後の熊本県益城町

研究にも携わった寺田寅彦は、関東大震災（一九二三年）の経験を踏まえて次のように警告を発していた。「どうかした拍子に檻《おり》を破った猛獣の大群のように、自然があばれ出して高楼を倒壊せしめ堤防を崩壊させて人命を危うくし財産を滅ぼす。その災禍を起こさせたもとの起こりは天然に反抗する人間の細工である」（『天災と国防』）と。

「天然に反抗する人間の細工」。地震の「運動エネルギーとなるべき位置エネルギーを蓄積させ、いやが上にも災害を大きくする」（同前）のは、実はこの「天然に反抗する人間の細工」にほかならない。その最たるものが、あの福島第一原発事故の惨状であるとすると、地震という天災は、実は私たちの社会の強さと弱さを暴き出しているのである。震災という非常時を通じて露《あら》わになる平時の地域と社会、国家の「本性」。その強さと弱さ、そして人のそれぞれの生と死。大震災は、戦争にも匹敵する強度をもって私たちに問いかけずにはおかない。「汝らはどんな生き方をし、どんな社会を築いているのか？」と。

震災からほぼ一カ月の五月一五日の時点で、熊本県内の被災状況は、死者四九人、震災関連死一九人、行方不明一人、負傷者一六六四人、住宅損壊八万四八一七棟、避難所二三五カ所、避難者一万四三四人、断水約二四〇〇世帯。農林水産業の被害額も、熊本県だけで一〇〇〇億円を超え、その被害とダメージは、住民一人一人の心身に簡単には癒《い》せない傷痕を残した。

地震の強度、連鎖と執拗な連続性、そしてその被害の大きさという点で、熊本地震は確かに想定外の震災と言える。しかし、決してそう断定していいわけでもなさそうだ。なぜなら、すでに一八八九（明治二二）年、漱石来熊のわずか七年前、マグニチュード六・三の大規模直下型地震が熊本を襲い、二〇人が死亡、数百棟が全半壊し、熊本城も大きな被害を受けているからだ。日本の地震学会が発足（一八八〇年）して初めて都市（熊本）を襲った内陸直下型地震で、ドイツのポツダムの重力計に地震波として記録され、遠隔地の地震観測のキッカケをつくっていたのである。

「前震」に襲われた四月一四日の前日、熊本市内は漱石来熊一二〇年に沸いていた。私もまた、一二〇年を祝うセレモニーの一翼を担うことになっていた。

「天災は忘れた頃に来る」とは寺田寅彦の警句と言われている。その意味で言えば、熊本は「明治熊本地震」を忘れていたのである。それは、寺田が言うように「健忘症」のなせるわざなのか、それとも日進月歩に進化する「人間の細工」が、過去を忘却させるのか。

しかし、それでも、この地震の五年前の東日本大震災、そして二〇年余り前の阪神・淡路大震災を忘れるわけにはいかない。実際、四月一四日の来熊の直前まで、私は次のテーマを「震災」にしようと、淡路島と神戸を訪れ、震災と復興、その後の神戸の歩みをこの目で確かめたいと、かつての被災の「現地」を歩いていたのだ。「すべてのわざには時がある」と言うべきか。

それでは、あの阪神・淡路大震災から何が見えて来るのか。思索の歩みはそこからはじまる。

復興の道塞ぐ「官治」——人々の取り組みが産声

一九九五（平成七）年一月一七日午前五時四六分。死者六四三四人、行方不明者三人の阪神・淡路大震災は、東日本大震災が起きるまで、戦後日本が体験した最大の天災となった。それから二〇年余り、被災地の現在を知るべく、私は神戸市に足を踏み入れた。

東の横浜と並ぶ、外に開かれた国際色豊かな西の港湾・商業都市、神戸。その変貌を知ることは、東日本大震災後の、そして熊本地震後の、被災地の復興とその未来を占う重要な手がかりとなるはずだ。なぜなら一九九五年は、ボランティアや心のケアの「元年」であると同時に、「被災者生活再建支援法」などの災害法制や市町村及び県や国との統治機構の仕組み、地域経済や市民社会の復元力、さらに災害の記録やその伝承など、東日本大震災や熊本地震の被災地が直面する課題の多くが、そこに出揃っているからである。

入れ替わった住民

震災には戦災と同じく、犠牲者を弔い、心の傷を癒し、雨露をしのぎ、復興の足がかりを摑《つか》み、震災の記憶を伝え、新たな震災に備えるといった一連のプロセスが伴っている。とりわけ、歳月とともに重要になって来るのは復興だ。

もちろん、復興といっても「箱もの」や、道路・鉄道・港湾といったインフラの復興もあれば、産業の復興もあり、地域経済の復興、さらに住民一人一人の生活の復興、そして心の復興もある。復興が、震災以前の状態の再現を目指す復旧と違うのは、そこには震災以前の「原状復帰」とは違う何か新しいものが付加されているからだろう。「創造的復興」。それは被災地の新たな甦りをリードするスローガンとなった。阪神・淡路大震災から二〇年余り、「創造的復興」は被災地に根付き、その名にふさわしい復興が成し遂げられたと言えるのだろうか。

新神戸の駅に降り立った時、ひときわ目を引くのは、視界を塞ぐように林立するタワーマンションや高層ビルの多さだ。九割以上の住宅が倒壊・焼失し、四七人が亡くなった神戸市須磨区の千歳地区でも、高層ビルではなくても小ぎれいなマンションが至る所に顔を覗《のぞ》かせている。

この地区の一角で、ケミカルシューズの下請けを夫婦で営む崔敏夫さんを訪ねた。震災で次男を亡くし、その悲しみをキッカケに千歳地区自主防災委員会の委員長に就任、地区の防災と震災への備えに奔走する崔さん。それでも、旧住民のほとんどが姿を消し、ニューファミリー的な家族がマンションの住人となるにつれて、震災の記憶すらも風化しつつあるようだ。

千歳復興の礎の前で、あの日のことを悔いるかのように、震災への備えと地域の絆の大切さを訥々《とつとつ》と訴える崔さんの声も、公園で無邪気に遊ぶ子どもたちのはしゃぎ声にかき消されそうだった。そこには、旧住民と新住民の「入れ替え」（リプレイスメント）が、浮かび上がっていた。

神戸市長田区の新長田駅南地区の南北を貫く大正筋商店街も同じだ。高度成長期、神戸南部の商都として栄えた商店街。しかし、通りを歩くと、ここが商都かと疑いたくなるほど、人影はまばら、閑古鳥が鳴いているような淋《さび》しさだ。商店街の周辺には再開発ビルが林立し、マンションの入居者が地区の人口を押し上げていると言われているのに、商業の低迷は誰の目にも明らかである。

ここでも住民が入れ替わり、商店街を潤していた地場産業のケミカルシューズ業界が衰退し、少子高齢化と、身の丈を超えたような大規模開発の頓挫の果てに、商店街の低迷に歯止めがかからなくなったのである。二〇〇四（平成一六）年、再開発ビルが出来、商店街のアーケードが再建されたにもかかわらず、区全体の小売販売額は震災前の六割近くに落ち込んでいた。

噴き出す宿痾

不運なことに、阪神・淡路大震災が起きた頃、日本経済は曲がり角を迎え、長期的な低落とデフレ経済へと潮目が大きく変わろうとしていた。もはや、高度成長の残影はその姿を消しつつあったのだ。バブル経済の底が抜け、少子高齢化と国・自治体を含めた天文学的な債務の重圧、労働生産性の伸び悩み、過疎化と地場産業の斜陽化など、戦後の日本経済が抱えた宿痾《しゅくあ》が、震災を機に一挙に噴き出し、それが巨大なモメンタム（勢い）となり、地域を、社会を、人々の生活を大きく揺るがすことになったのである。

神戸の「創造的復興」は、そうした時代の流れの変化に耳を澄まし、それにふさわしい復興のあり方を実現したとは言いがたい。関税の減免で企業を呼び込む特区のようなエンタープライズゾーン構想、神戸国際マルチメディア文化都市構想など、規制緩和や自由化によるプロジェクト型大規模開発が、軒並み撤退や中止、挫折を強いられ、「創造的復興」は空洞化していかざるをえなかった。

しかも、復興需要が減り、震災の直接的被害だけでなく、取引先の消失や減少、少子高齢化による購買力の減退とともに、「震災破綻」が増加の一途を辿り、地域経済の低落に拍車を掛けることになったのである。一九九〇（平成二）年度以降の兵庫県の平均経済成長率は、名目で〇・〇九%に過ぎず、県内総生産（名目ベース）も、震災前より減少しており、回復は覚束ない状態だ。

こう見てくれば、「創造的復興」の腰砕けは瞭然としている。しかし、それは、県や市、復興の牽引役になろうとしたダイエーなどの企業の責任だけに帰すことはできない。そこには「官」中心の一極集中的な行政・統治構造の巨大な壁が立ちはだかっていたからだ。

「創造的復興」には、地方分権推進の動きを背景に、中央集権的な国の権限を部分的に制限し、その権限や財源の一部を地方に移譲、さらに大震災という「非常時」に対応する「被災市街地復興特別措置法」の制定によって、神戸を中心とする被災地の成熟社会への転換を図ろうとする狙いがあった。だが、霞が関や永田町の動きは鈍かった。いや鈍かっただけではない。国は、復興のグランドデザインもないまま、その都度、災害法制の部分的な改正を積み重ね、形式的な平等原則に基づく施策に終始し、結果として地域の多様なニーズと課題に迅速に対応する道を塞ぐことになったのである。

　強力な権限と財源をテコに「上」から介入・指導して来る「官」のスタンスは、あくまでも「平時」の法令、ルーティンにこだわる集権的な「官治」の姿そのものであった。地方と中央、神戸と東京の温度差は歴然としていた。その結果、被災者の「いのち」あるいは生活の復興、さらには地域の復興は後回しになった感は否めない。

　にもかかわらず、被災地を生きる人々のなかから、一人一人の暮らしの復興やそれを助ける人々を支える仕組みづくり、震災の記憶の伝承や心のケアなど、夥《おびただ》しい数の涙ぐましい取り組みが産声を上げることになった。そこには、震災が思わざる結果として生み出した健気《けなげ》な人間の営みと社会の復元力への希望が示されている。そうした取り組みのひとつひとつに一人一人の生と死があり、物語があることを忘れてはならない。それに迫ることが次の課題として残されているのである。

主人公はコミュニティー――心かじかむ巨大な異物

天災は、それが猛威を振るう度に、一人一人に異なった生と死をもたらさずにはおかない。それは、被災地でアルバムから散乱した写真を見つけ出した時の実感である。東日本大震災直後の福島県相馬市の海岸沿いの一角……そこには瓦礫《がれき》に混じって夥しい数の写真が散らばっていた。

誕生、七五三、入園式、入学式、卒業式、入社式、結婚式、新婚旅行、出産祝い、社員旅行、金婚式、そして葬式などなど。いく葉か拾い上げてみると、そこには、フツーの人たちの人生儀礼の数々が記録されていた。天災は、それが甚大である場合、人生儀礼の連鎖を斧《おの》で断ち切るような暴力的な切断をもたらすことになるのである。そこで突然切断された生と、その切断を免れた「生存者」（サバイバー）あるいは遺族は、再び、震災以前の人生儀礼に戻ることができるだろうか。

次の世代へ

戦争の時代を生き延びた人たちが戦後、どのような変化をするにせよ、「二度生まれ」の経験をするように、震災後を生きることは、その体験者にとって多くの場合、新たな人生儀礼を生きていくことにほかならない。復興とは、まさしくこの新たな人生儀礼を生きていくこと、あるいはそれを生きようとする意志を指しているのである。

この意志が「生存者」の一人一人の心に宿り、新たな結びつきを模索するとき、復興への序曲がはじまる。そのような序曲がはじまるには、心を癒し、そしてかけがえのない体験と記憶を伝える試みが欠かせない。たとえたどたどしく、もどかしい歩みであっても、その試みがなければ、復興はよそよそしい出来事に終わり、人と人との結びつき、地域の結束と一体感はだらけてしまわざるをえない。

そうならないためにも、悲劇を記憶しそれを共有し、伝えることが欠かせない。阪神・淡路大震災後の被災住民の試みのなかでとくに感銘深いのは、「阪神大震災を記録しつづける会」による震災手記集の出版である。会の代表であった高森一徳さんはすでに大震災から一〇年を目前に五七歳で他界しているが、その遺志はずっと受け継がれ、「つづける会」の活動によってフツーの人々の一人一人の新たな人生儀礼が綴《つづ》られ、確実に次の世代に伝えられようとしている。

大震災は突然の出来事であるにしても、その余波は一〇年、二〇年と続き、新たな人生儀礼にも影を落とさざるをえない。このことは、後を絶たない震災関連死の悲劇を見れば明らかである。阪神・淡路大震災は、この点でも震災関連死が根深い社会問題であることをあぶり出した。仮設住宅、災害公営住宅での「孤独死」だけでも、一〇〇〇人を上回っているのである。

震災の記憶を綴り、伝えることとは、こうした震災関連死をもひとつひとつ拾い上げていくことになるはずだ。それは、ただ天災が遠因であるのにとどまらず、超高齢化社会の地域コミュニティーと住宅・医療・介護といった、震災以前から抱え込んでいた問題が絡んでいるからである。

大震災は、地域の一人一人の交わり、その交わりによって成り立つコミュニティーの重要な意味を浮き彫りにした。この点は、阪神・淡路大震災で住宅の倒壊などで救助を必要とした人たちの八割近くが、消防や警察といった公的組織ではなく、地域住民によって助け出されていることを見ても明らかだ。助けを必要とする人たちの第一発見者であり、最初に助けの手を差し伸べるのも地域住民であるとすれば、防災、減災、救助にはコミュニティーのネットワークが欠かせないに違いない。

歪な配分

だが、災害復旧工事などの巨大事業の多くには、防災集団移転、土地区画整理、復興再開発など、「人間の顔」をしたコミュニティーの再生を妨げる「復興災害」の面がないとは言えない。神戸の至る所に林立するマンション群と拡幅された道路を見る限り、「創造的復興」にふさわしい「創造的コミュニティー」の復興はどうなったのか、疑問に思わざるをえない。

この点は、東日本大震災の被災三県に及ぶ総延長四〇〇キロの巨大防潮堤計画も同じだ。トラックやブルドーザーがひっきりなしに動き廻《まわ》り、耳をつんざくような機械音が響く宮城県気仙沼市の海岸に建ちはじめたコンクリートの防潮堤。のどかな港町の海の光景を、有無を言わせず遮断するような無機質的な佇まいには寒々とした感慨しか浮かばない。雪まじりの北風が吹き寄せるなかに巨大な異物のようにそそり立つコンクリートの塊。それを想像するだけで、心がかじかんでしまいそうだ。災害復旧は行政の専権事項という名のもとに総工費一兆円規模の巨大事業が一方的に決まったと言われている。そこには、官治集権の上意下達の意思が垣間見えるが、それがめぐりめぐって「創造的コミュニティー」の再生を阻んでいると言えないか。

阪神・淡路大震災が伝える教訓は、国を中心とする「公助」の限界であり、行政や公的機関

宮城県気仙沼市に建設された防潮堤

だけでなく、NGO（非政府組織）やNPO（非営利組織）、さらに、地域コミュニティーといった広義の市民社会の力量が試されている、ということである。いや、もっと言えば、地域の住民の一人一人、そしてその交わりから成り立つコミュニティーが主人公にならなければならないということである。だが、このことは、国や行政が自らの本来的な役割を縮減し、それを自治体や地域、市民社会に転嫁すればいいということではない。

国や行政は、被災地の住民の不幸をできるだけ少なくし、地域が、住民が、「創造的復興」に向けて歩んでいくために必要な財とサービス、マンパワーを供与し、現実に合わせた法制度の改変・整備によって、持続的かつきめ細かな支援を続けていく義務を負っている。この点で、阪神・淡路大震災の教訓がどれだけ東日本大震災に活かされたのか、はなはだ疑問だ。

政治とは、「価値の権威的配分」にほかならないとすれば、社会の稀少な資源、財やサービスをどこに重点的に注ぐのか、その優先順位の見極めこそが、政治のアルファであり、オメガであると言っても過言ではない。大震災を通じて、コミュニティーや地域、そのなかに包摂されるべき社会的弱者も含めた住民や市民の暮らし、その持続可能性のために限られた資源や財貨をどう振り向けるのか、そのことが問われているのである。

増え続ける防衛費や福島第一原発事故の汚染水すら完全にコントロールできない状況下での二〇二〇年の東京五輪開催など、果たして限られた価値——稀少な資源や財貨、サービスが、地域本位、市民社会本位に配分されていると言えるだろうか。その歪《いびつ》な配分が、地域の消耗を招き、地域や市民の活力を削《そ》ぎ、ひいては日本全体の「地域力」の減退をもたらしていると言えないか。大地震をはじめとする天災は、「価値の権威的配分」にかかわる、日本の政治のあり方そのものを問い続けているのである。

第五章
崖っぷちの農

「農本」食い破る市場主義――別天地が映し出す宿痾

「農は国の本《もと》（基）」。幕藩体制存続のため農業・農民の保護育成に力を注ごうとした江戸時代の農本思想から、超国家主義と結びついた戦前の農本主義、さらに「新しき村」運動やエコロジー的な生命観、共同体の再建を謳う新たな農本主義に至るまで、そこには連綿と「農は国の本」という理念が流れている。

しかし、現実には、対極にある生産性の拡大と大規模化、効率性と収益性といった市場原理が、そのような理念を食い破り、日本の農業は、競争力強化の一点に向けて走り出しつつある。

管理された自由化

果たして大規模化と集約化、合理化と複合営農化は、日本の農業にどんな変化をもたらすことになるのか。もし「儲《もう》かる」農業、「稼げる」農業への転換が挫折すれば、日本の農業はただ、「自然死」を待つだけなのか。日本の農業はいま、崖っぷちに立たされていると言っても言い過ぎではない。

　そのような変化のキッカケになったのは、二〇一八年産米をめどにした減反政策の廃止だ。それは、生産調整（減反）と抱き合わせで「保護」されて来た日本の農業が、国の保護膜を取り払われ、「自由化」へと舵《かじ》切りせざるをえなくなりつつあることを意味している。その前触れは、太平洋戦争総力戦期の東條英機内閣で制定され、戦後も国の農政の中核であった食糧管理法の廃止（一九九五年）とともにはじまっていた。「コメ不足」による国産米価格の暴騰と、それに対応する外国産米の緊急輸入措置など、内圧と外圧にさらされ、主要食糧の統制的管理・運営の制度的脆弱《ぜいじゃく》さはすでに限界に達していたのである。

　代わって制定された食糧法（主要食糧の需給及び価格の安定に関する法律）に基づく食糧制度は、依然として国の関与・管理を謳いながらも、食糧管理法とは違って政府米を中心とする管理ではなく、民間の流通米を中心とした生産調整を打ち出し、さらに二〇〇四（平成一六）年の改正では規制を大幅に緩和し、計画流通米（管理米）と計画外流通米（自由米、あるいは「ヤミ米」）の区別も廃止するに至っている。

　こうした一連の動きから垣間見えて来るのは、「自由化」に向けたさじ加減の変化であり、それは「管理された自由化」あるいは「黙認された自由化」と言える。一九七〇（昭和四五）年からはじまった減反政策以来、国の農政に翻弄されて来た農家はいま、自由化の波濤に洗われながら、視界不良のなか、地頭《じあたま》で考え、自らの創意工夫で生き延びていかなければならなくなりつつあるのだ。

日本の農業はいったいどこへ行くのか。それを知る手がかりを求めて、私は秋田県の大潟村に足を運んだ。

琵琶湖に次ぐ日本第二位の広さの湖だった八郎潟を、総額八五〇億円の国費を投じて干拓し、大規模な協同農業モデルとして創立された大潟村。その歴史と現在には、日本の農政の抱える問題点と農家の葛藤、その未来の姿が映し出されているように思えたからである。

大潟村に入ってまず驚くのは、その広大さだ。広く、平坦《へいたん》な大地がずっと続いている。そんな光景は、北海道を除いて見たことがない。一瞬、いま、秋田ではなく、北海道のどこかに居るのではと、錯覚するほどだ。

しかも、道路は整然と碁盤目状に縦横に区分され、その道路も遥《はる》か地平線に連なっている。長さ一〇キロ以上に延びる県道沿いには桜の木や黒松が延々と続き、春にはきっと菜の花の絨毯《じゅうたん》が色を添え、黄色、ピンク、緑の帯がドライバーの目を楽しませてくれるに違いない。

サンクチュアリ

二〇一五（平成二七）年の農林業センサスによれば、大潟村の一農業経営体当たりの耕地面積は一八・五〇ヘクタールで、秋田県内の平均三・二一ヘクタールの約五・八倍である。米ど

第五章　崖っぷちの農

秋田県大潟村の巨大な調整池

ころ、秋田よりもっと零細な農家の耕地面積と較べれば、優に一〇倍を超える広大な面積になるに違いない。二〇一四（平成二六）年度の市町村民経済計算では、大潟村の住民一人当たりの総生産（名目ベース）は六〇三万円で、秋田県内の平均二三四万円の二倍近くに達している。

国営事業での第一次入植（一九六七年）から第五次入植（一九七四年）、そしてその後のダム建設に伴う入植者を含めて全国三八都道県から集まった入植者の数は五八九人。そして現在の大潟村の人口は三〇〇〇人余りにのぼっている。このような数字を並べてみただけで、大潟村が、どんなに日本のフツーの農家のイメージからかけ離れているかが分かる。

それだけではない。日本の農業の宿痾のひとつとしてあげられるのが、後継者不足であるとすると、大潟村はまったく別天地と言っても過言ではない。入植者の若い二世や三世が控え、二〇一七（平成二九）年三月の時点で村内の認定農業者の七割以上を三〇代から五〇代の年齢層が占める人口構成である。大潟村は、高齢化や後継者不足に悩む日本の農家の姿とはまったく逆に、活力に富み、将来にわたってもその人口的な基盤が約束されている村なのだ。

そんな大潟村の西を走る県道四二号線を北に、右に秋田県立大学大潟キャンパス、大潟神社を過ぎて、菜の花畑の手前を右に入ると、瀟洒《しょうしゃ》な建物が見える。第三セクターが運営する「ホテルサンルーラル大潟」だ。遥か白神山地を望める展望風呂と保養施設、レストラン、宿泊施設を備えた建物だ。周りには広い運動場や洒落《しゃれ》た建物が並び、村のなかが独立したサンクチュアリ（自然保護区）のような雰囲気を湛《たた》えている。

周りを見渡しながら、頭を掠めたのは、旧ソビエト連邦時代のコルホーズ（集団農場）の自由化された現代版というイメージである。同時にまた、これはイスラエルのキブツ（集産主義的協同組合）の洗練された形態かもしれない、いや、もしかしたら、「東洋のアトランティス」と謳われた旧満州国の「満州開拓村」が戦後も続き、より現代化されていれば、こんなふうになっているかもしれない……。さまざまな連想を掻《か》き立てられるほど、大潟村の光景は、私のこれまでの常識を超えた佇まいをしていたのである。

これほどの村がなぜ出来たのか。創立から五〇年を過ぎたこの村の歴史は、どんな紆余曲《うよきょく》折《せつ》を辿って今日に至り、そしてこれから何を目指そうとしているのか。その問いを胸に、私は、二〇〇〇（平成一二）年まで六期にわたって村長を務めた宮田正馗《みやたせいき》氏に面会を求めることにした。

サンルーラルの眺めのいい部屋に常駐する宮田氏は、七〇代半ばを過ぎたとは思えないほど潑剌《はつらつ》とし、練達の地方政治家の風貌を湛えた人物である。宮田氏からは、大潟村の存続を揺るがすほどの度重なる内紛と対立を収束させ、同時に県や国との農政をめぐる鍔迫《つばぜ》り合いを巧みな舵取りで乗り越え、村の発展の礎を築いた「中興の祖」のような圧倒的な存在感が伝わって来る。宮田氏のオーラル・ヒストリーから、大潟村という自治体の歴史だけでなく、日本の農政の歴史とその問題点がくっきりと浮かび上がって来そうだ。

試される「開拓精神」——将来占うリトマス紙

食糧の自給率を高め、米価の安定を図り、国際的な競争に耐えうる日本の農業の新たな再生への起爆剤、その「前衛」として期待がかかったのが秋田県大潟村だった。村は、宮田正馗・元村長の言葉を借りれば、それ以前の、貧しい零細農家という日本農業のイメージを一新する、「生々しい社会実験」の場でもあったのだ。あえて言えば、この実験を導いた農政担当者の意図を超えて、そこには、国策民営による「新しき村」の理想郷が描かれていたと言える。

我田引水と村八分

それが、白樺《しらかば》派の武者小路《むしゃこうじ》実篤《さねあつ》らが目指した理想郷としての「新しき村」と違うのは、機械化と大規模化、効率性と収益性といったモダニズムの価値によって貫かれていたことだ。おそらく、「五族協和」と「王道楽土」を目指した旧満州国の開拓村の理想に近いのかもしれない。語弊を承知で言えば、大潟村の場合、「五族」に対応するのは、第一次から第五次入植及びその後のダム建設に伴う入植まで、北海道から沖縄まで全国三八都道県から集まって来た入植者たちだった。農業従事者やサラリーマン、自営業者など、経験の有無やその期間の長短、出身地やその背景、経済的な事情もバラバラの、ただ自分の目指す農業をしたいという希望で一致していた就農希望者たち。彼らによって、ゼロベースからつくられた新しい村、それが大潟村だ。

だが、国が描いた、協同営農による最新鋭のモダンな新しい村のビジョンは、早い時期から挫折を余儀なくされることになる。その原因はどこにあったのか。宮田氏は、それを巧みにも「我田引水」と表現している。我田引水とは文字通り、自分の田んぼにだけ水を引くことだから、他人のことは考えず、自分に都合のいいように言ったり行動したりすることである。

宮田氏によれば、国が積極的に奨励していた「協業経営」では、能率が悪くなり、長続きはしなかった。六戸一組で完全協業をやろうとしても、我田引水で組はだらけ、能率は落ち、生産性に格差が出来てしまったのだ。

村落共同体的なしがらみから自由な新しい村は、一皮むけば我田引水の猛者たちの集合体だった。人間は結局、我田引水に出来上がっている。苦笑いしながら、こう語る宮田氏の表情には、人間洞察への深い確信が溢れていた。そしてこの農家の「我田引水」と同じく宮田氏の言う「村八分の農政」が絡み合ったとき、大潟村は存立の危機に至りかねない事態を迎えることになる。

それは、一九七〇年からはじまった減反がキッカケだった。生産調整の統制的管理を通じて生産過剰による米価の下落を抑え、安定した食糧供給と農家の自制的な維持・存続を図る減反政策は、やがて大潟村に深刻な亀裂をもたらす。その第一弾となったのが、一九七五（昭和五〇）年の「青刈り」騒動である。

もともとゼロベースからはじまった新しい村、大潟村には、農家がつくりたいものをつくって自由に売る、そうした農業の「自由化」に前向きな、かなりの数の入植者が集まっていた。減反は、その自由、「稲作をする権利」にタガをはめる押しつけとみなされたのだ。減反に抗《あらが》って「過剰作付け」に走る農家が続出するが、国の強力な指導による「青刈り」を受け入れざるをえず、水田のあちこちで青々とした稲穂が無残にもトラクターによってなぎ倒される事態になってしまう。

生かさず、殺さず

悲劇は、それだけにとどまらなかった。それから三年後の一九七八（昭和五三）年には、減反に村ごと抗うように、村の九割以上の農家が一斉に「過剰作付け」に走り、これに対して国は入植時の契約を盾にそうした農地の買い戻しを突きつけて来たのである。

減反を遵守《じゆんしゆ》する立場は少数派で、むしろ「ヤミ米」とされた「自由米」を売る「自主作付け派」が村の多数を占めるなか、減反遵守を呼びかけて村長に就いた宮田氏は、その後の両派の対立と裁判闘争など、さまざまな修羅場をくぐり抜け、六期二二年、村を率いていくことになる。

減反遵守と自主作付けの対立。それは、新しい村として出発した大潟村だけに固有の問題ではなかった。むしろ、「村八分」のような共同体的な締めつけやしがらみから自由な大潟村だからこそ、その対立はハッキリと外にも分かるほど顕在化したのであり、逆に言えば、それを顕在化させるほど大潟村は、内部にエネルギーを蓄えていたことになる。しかし、そうしたエネルギーに欠ける他地域の農家や村は、国の政策に従い、横並びの減反遵守で現状維持を図って来たと言える。

だが、国策民営によって誕生し、その後も国の全面的なバックアップなしには存続しえない大潟村が、国の農政に抗い、減反に反する自主作付けに舵を切り、農業の自由化を推し進めていくことは、自らの土台そのものを蚕食《さんしょく》する背理を孕《はら》んでいた。その点を受け入れつつ、「国の農政の最大の欠陥は『村八分の農政』なんです。『村八分』。要するに、農水省の予算を安上がりにするために、村八分の慣習を利用しているということです」と語る宮田氏。日本の農政が、「生かさず、殺さず」の安上がり農政であったことを物語っている。

その安上がり農政に従いつつ、村の発展を図る。このしたたかな宮田村政の成果のひとつが、一九九〇（平成二）年に実現した、入植者に配分した一五ヘクタールを転作した場合も全面水田とみなす決定だ。それから五年後、国が米を買い上げる食糧管理法が廃止され、米の自由な作付けと販売が認められたことを考えると、「一五ヘクタール全面水田扱い」は、国による「管理された自由化」への呼び水と位置づけられなくもない。

ここでも、大潟村は農政転換のパイロットケースに使われたとも言えるし、他方で村はその新しい波に巧みに乗ることができたとも言える。さらにその後の旧民主党政権下の個別農家への所得補償を経て、減反遵守か自主作付けかの二者択一は、大潟村の対立軸ではなくなってしまった。

このような曲折を辿った大潟村の歴史は、戦後の農業が辿った歴史の縮図とも呼べる。そしていま、後戻りできない「自由化」の波濤のなかで、宮田氏の予測によれば、大潟村は市町村合併の見えない圧力にさらされ、その「開拓精神」を試されることになるようだ。

すでに触れたように、村は、後継者の人口的な基盤に恵まれ、認定農業者の三分の二以上が比較的若い年齢層によって占められている。しかし、TPP（環太平洋連携協定）をはじめ、「自由化」のうねりが日本の農業を洗うとき、農地法など、農業への新規参入を阻む壁に守られた日本の農業に未来があるのかどうか、宮田氏ですらも半信半疑だ。

あるべき農業像、中核となる基幹的農家の基準とは何なのか。そして人材を輩出するためにどんな制度設計が必要なのか。それは、農政にとどまらず、日本の国民の問題でもある。大潟村の将来は、日本の農業を占うリトマス紙となっているのである。

第六章
選良たちの系譜

消える経世済民の気概――新陳代謝閉ざす家業化

政治とは何か。さまざまな学説や定義があるが、旧《ふる》くから知られているのは、「経世済民」という言葉だ。中国の古典に登場する「経世済民」とは、「世を経《おさ》め、民を済《すく》う」こと、略して「経済」。ただし、英語の「economy（エコノミー）」の訳語と違って、そこにはより広い意味が含まれている。今日的に敷衍《ふえん》すれば、一国（国民）を統治するとともに、国民の窮状を救い、貧困者や被災者に恵みを与えることだろう。

際立つ擬似独裁

主権在民と民主主義が建前になっている今日、「経世済民」という言葉に含まれる、上から目線の護民官的なニュアンスが鼻につくかもしれない。それでも「世を経め、民を済う」のは、主権者である国民の負託によって代表者になった政治家の責務であると読み替えれば、この「経世済民」という言葉はいまも政治の核心を突いている。

ただし、国民が実際に、政治家がそうした負託に応える責務を果たしていると実感できているかと言えば、残念ながらそうではないようだ。むしろ、現状では負託する側の国民と、代表する側の政治家との間のミゾはこれまで以上に深まっているように見える。

この傾向は、一九九四（平成六）年の衆院小選挙区比例代表並立制と政党交付金を導入するための法律群、いわゆる政治改革四法（改正公職選挙法、衆議院議員選挙区画定審議会設置法、改正政治資金規正法、政党助成法）の成立と、それに基づく一九九六（平成八）年の衆院選以降、ますます強くなりつつある。

なぜなら、金権腐敗や派閥政治の弊害をなくし、クリーンな選挙を実現するという政治改革の名分のもと、実際には党執行部にカネと人事、公認権が集中し、与党総裁である首相が強引な解散権を行使したり、シングル・イシューを選挙の焦点に掲げて、「大衆の情緒性を利用」（マックス・ウェーバー『職業としての政治』）したりする擬似独裁的な民主政治が際立つようになって来たからである。

このような政党の官僚制化とそのマシンの頂点に立つ政党指導者が人民投票的な独裁的権限を行使する政治システムのもとでは、当然のことながら、国会議員は党首のいいなりになるイエスマン（あるいはイエスウーマン）にならざるをえない。それは、有権者の目には、政治家の劣化と見えるに違いない。

確かに、議員が法案採決の際に党の方針に従った投票だけをし、党を裏切らなければ、その地位に安住していられ、また幹事長から呼び出しがあれば、何はさておいても登院するような政治家に、経世済民の気概を期待することなどできるはずがない。政党指導者の追随者に過ぎなくなった政治家が、政治家としての気概や見識を失い、体のいいイエスマンになり下がっていくさまは、政治家の「精神的プロレタリア化」（同前）と言えるかもしれない。

とはいえ、金権腐敗が幅を利かし、派閥政治が「親分―子分」の系列化を進めるような政治が望ましいか、と言えば、そうとも言えないはずだ。「自民党戦国史」的な派閥政治に戻れば、切磋琢磨《せっさたくま》を経て、経世済民の政治家が輩出されるわけではないからだ。

それでは、「ぎりぎりのところ道は二つしかない」（同前）のだろうか。「『マシーン』（近代的な政党組織）を伴う指導者民主制《フユーラー・デモクラティー》を選ぶか、それとも指導者なき民主制、つまり天職を欠き、指導者の本質をなす内的・カリスマ的資質をもたぬ『職業政治家』の支配を選ぶか」（同前）、そのどちらかしかないのだろうか。

それとも、それ以外の道が残されているのか。右か左か、保守か革新か、与党か野党かの別なく、経世済民を「天職」とする政治家はどうしたら輩出されるのか。

三バンという資産

政治過程が、理念を具体化する政策過程と、その実現に必要な権力過程から成り立っているとすれば、経世済民を天職とする政治家とは、これらふたつの過程にしっかりと足場を置く政治家でなければならないはずだ。それでは、そのような資質をもった政治家の個人的条件はいかにして育まれるのか。

翻って、一九九六年の衆院選以来、歴代一〇人の内閣総理大臣経験者のうち、橋本龍太郎、小渕恵三、森喜朗、小泉純一郎、安倍晋三、福田康夫、麻生太郎、鳩山由紀夫と、実に八人までもが父親が国会議員か、地方の首長を務めていた政治家である。

いわゆる「世襲議員」をどう定義するかは別としても、何らかの政治的な資産を世襲的に受け継ぐ政治家が、派閥支配の長や人民投票的な指導者に選ばれていることは間違いない。とすれば、政治家としての資質の個人的な条件は、世襲的に受け継がれる政治的資産によって予《あらかじ》め決定されているとみなすべきなのか。

なるほど、選挙の洗礼を受ける以上、世襲やそれに準ずる政治家であっても、有権者の自由意志によって左右されざるをえない。だが、「ジバン（地盤）＝支援組織」、「カンバン（看板）＝知名度」、「カバン（鞄）＝資金」の「三バン」が政治的資産として与えられている政治家が国会議員に選ばれる可能性が高いことは否定できない。

実際、衆院議員のうち、「世襲率」は四分の一程度にのぼり、自民党にいたっては、三割以上となっている。二〇一七（平成二九）年一一月に発足した改造内閣でも、首相も含めておよそ半数が世襲議員だ。

世襲、あるいは準世襲の政治家の功罪は相半ばし、世襲を頭から否定すべきではないのかもしれない。だが、それが、日本の政治を特別な「家業」にしている面があることは否定できない。

政治家になるのは、「特別な人間」であり、「フツーの人」は政治家にならないし、またなれないという通念とも諦めともつかないものが蔓延《まんえん》しているとすれば、政治の新陳代謝が行われ、絶えず新たに「天職」としての政治家が輩出されるというサイクルは途絶えてしまわざるをえない。

要は、経世済民を天職とする政治家を輩出するためには、政治的資産ができる限り平等に配分され、それにアクセスする機会が誰にも自由に開かれていることが望ましいということである。しかし、自由な開放社会のなかに、かつての旧ソビエト連邦における指導者選出のための人事制度（ノーメンクラトゥーラ）と同工異曲のシステムがビルト・インされているとしたら、政治の世界のイノベーションは滞ってしまう。

それでは、それを打ち破るような、天職としての政治家を輩出する新たな孵化《ふか》装置はどこにも見当たらないのだろうか。

そのひとつとして知りたいと思ったのが、松下政経塾である。日本を代表する家電メーカー、パナソニックの創業者にして、ＰＨＰ研究所の創設者である松下幸之助を設立の発起人とする松下政経塾。卒塾生が衆参両院の現職議員だけでも、すでに三五人（二〇一七年一〇月二四日現在）を数えるこの塾は、果たして経世済民を天職とする政治家を輩出する場となりえているのだろうか。

意識だけ肥大化する不安――経営の神様の政治家学校

県道三〇号戸塚茅ヶ崎線沿いの神奈川県茅ヶ崎市汐見台。凝ったアーチ形の門と、背後に聳える白亜の塔が印象的な建物、そこが松下政経塾である。「明日の太陽」というタイトルのレリーフがひときわ門をくぐる者の目を引くに違いない。左に「力と正義」を表すひまわりを手にする男性像、右には「愛と平和」を表す鳩《はと》と女性像が浮き彫りになり、その下には「困難」を表すらしい雲が配されている。そして「黎明《れいめい》の鐘」を覆う、ドームまで高さ三六メートルの塔がそそり立つ。

漂う「松下教」

塾という言葉から、松下村塾のような佇まいを思い描いていたが、そのイメージは見事に裏切られた感じだ。地中海の紺碧《こんぺき》の海を見下ろすような南欧風の建物に、塾というより、古代アテネのプラトンの学園を思い浮かべてしまった。吉田松陰の松下村塾とプラトンのアカデメイア。和洋折衷というより、異種配合の雑種性によって付加価値を生み出すところが、「経営の神様・松下幸之助」流なのかもしれない。

評論家の加藤周一は戦後、「雑種文化論」で一世を風靡《ふうび》したが、この雑種性こそ、政経塾に漲るエーテルであり、光は言うまでもなく、経営の神様から発せられている。政経塾は、あくまでも松下幸之助という半ば神格化された人物の作品なのだ。その神様に長年仕えた佐野尚見《たかみ》理事長に、建物のなかを案内してもらった。神様の遺志を継ぎたい、そのレガシー（遺産）を後世に残したいという静かな使命感が、佐野氏の言葉の端々から伝わって来る。

館内の松下幸之助像や遺品、写真や語録、「塾是」や「塾訓」などのスローガンを眺めていると、「雑種性」の印象はますます、深まっていかざるをえない。政治と倫理、経営と国家、修養と統治（ガバナンス）など、対立するか、あるいは緊張関係にあるものが、どこか「物心一如」のように融合しているかに見えるのだ。

そう言えば、私のような世代にとって馴染《なじ》み深かった「ナショナル」も、いまから思えばどこかで雑種混交的なニュアンスがなかったわけではない。「明るいナショナル　みんな　家中電気で　動く　明るいナショナル」。三木鶏郎・作詞作曲、ダークダックスが歌う「明るいナショナル」は、いまでも頭の片隅にこびりついている。

神奈川県茅ヶ崎市・松下政経塾

パナソニックが、東芝とも日立とも、さらにはソニーやホンダとも違うのは、明らかにそこには、単なる家電製品を売るのではなく、家電を通じて「日本人らしさ」の風習、倫理的なニュアンスの生活スタイルを売るという、純粋に経済や市場の論理を超えたものへの志向が見え隠れすることである。「ナショナル」というブランドは、まさしくそれを象徴している。

とすれば、家電メーカーに「社是」があれば、塾にも「塾是」があり、そして国家にも「国是」があることになる。この意味で、そもそも経営の神様が政治や国家に口を挟むこと如何《いかん》という問いそのものが愚問なのだ。主に経済にかかわる「ナショナル」「パナソニック」、主に倫理にかかわる「ＰＨＰ」、そして主に政治にかかわる「松下政経塾」。これらはみな、どこか「物心一如」的な「ココロ主義」によって貫かれている。

人間本性の心の曇りを取り払い、「素直な」心で、物事の本性を掴み、然《しか》るべき行動をすれば、すべて成功への道が開かれている。この「ココロ主義」的な松下イズムこそ、政経塾に漂う「松下教」的な空気の正体なのかもしれない。

経営と国家の融合

こうした松下イズムをベースとする政経塾は、意外にもエズラ・Ｆ・ヴォーゲルが『ジャパン アズ ナンバーワン――アメリカへの教訓』を発表した一九七九（昭和五四）年に産声を上げた。松下幸之助は設立の講話で、切々たる憂国の情に駆られたように、日本の混迷を指摘し、その「抜本的改革」と、それに必要な「人材の育成」を訴えている。戦後日本の絶頂期と見紛《みまが》う時期に、その危機を見抜き、国家百年の大計に思いを馳《は》せ、修練と研修の積み重ねによって日本の「抜本的改革」を断行する逸材の輩出を願ったのだ。

では、実際にそのような人材を輩出するため、政経塾はどんなプログラムと環境を用意しているのだろうか。経営の神様流の研修と研究によって貫かれたプログラムは、前期二年間の基礎課程と、後期二年間の実践課程から成る。基礎課程はまさしく研修と修養、実践課程は自分の力でテーマを掘り下げ、現場で研究に励む。これらの成果と将来の計画は、塾ＯＢや外部有識者の審査にかけられ、卒塾の可否が判定される。

こうした大学院か、アカデミーを彷彿させるシステムは、政経塾独特の寮生活とセットだ。談論風発の旧制高校的な寮生活を思い出させる環境は、同時に、企業一家的な集団生活と混ざり合って、政経塾に独特の雰囲気を与えている。

四年間の塾生活を通じて、政治の分野に限っても現職で国会議員三五人、地方議員二一人、知事、市区町村長九人と豊富な人材を送り出している（二〇一七年一〇月二四日現在）。この意味で松下政経塾は、「三バン（地盤・看板・鞄）」のない政治家志望の人々にとって、有力なチャンネルなのだ。

しかし、他方で、政経塾が激しい毀誉褒貶《きよほうへん》にさらされているのも事実である。それは多分に塾出身の政治家が顔を揃えた旧民主党政権への過剰な期待と失望に根ざしている。それでも、そもそも「経世済民」を志す政治家は、「政治一筋」を学ぶ学校的なカリキュラムで育つのかどうか、根本的な疑念は残ったままだ。

「政治の専門家」を育てること、それ自体が根本的な矛盾を含んではいないか。「人生の専門家」などこの世にいないのと同じように、政治の専門家などこの世に存在しないのではないか。なぜなら、およそ森羅万象、政治化されない人間の営みなど、ひとつとしてありえないからであり、政治はそもそも専門性を超えているのである。にもかかわらず、人生の専門家と同じように、政治の専門家になりうると思うのは、どこかで「物心一如」的な融合が可能であるという思い込みがあるからではないか。

経営と国家は、果たして融合可能なのか。政治と倫理は宥和《ゆうわ》可能なのか。理想と権力は和解可能なのか。実利的な功利主義と国家運営の理想、そしてそれにまつわる権力主義は、時には融和するにしても、時には激しい緊張関係にあるはずだ。その緊張に耐えながら、硬い板に錐《きり》で穴を開けていくような、力強い政治家の営みは、研修や研究を積み重ねていけば、体得できるものなのか。

もし研修や研究を積み、それを通じて「選ばれし者」という選良意識が肥大化するだけだとしたら、そこに残るのは政治的未熟さのみではないか。ただ、この一抹の不安を拭えないにしても、政経塾が依然として政治家への登竜門のひとつになっていることは間違いない。

一強に進行する人材払底――世襲とにわか議員が占有

一部の無所属議員を除いて、ほとんどの議員は政党に所属している。政党は、社会と国家をつなぐ橋であり、有権者の利益を集約し、それを政府へ伝達するとともに、国政を動かす権力獲得のためのツールでもある。政党に籍を置くことで、政治家は理念をより具体化し、政策に精通し、そして権力闘争の現場を体験していくことになるのだ。

だが、政党と有権者との間のミゾは広がる一方だ。その主たる原因は、政党が、民意を集約して国政に反映させるという目的よりも、その目的を実現するための手段である得票の最大化に汲々《きゆうきゆう》としているからである。そのため政党は、選挙に打ち勝つための集票マシンとなり、政権を手にすることによる官職叙任権（パトロネジ）の獲得と配分の組織となっているのである。言うまでもなく、その典型が自民党である。

世話役として

一九五五（昭和三〇）年の保守合同以降、長期政権を担って来た自民党は、特定の政治理念の実現を目的とする「世界観政党」とは違って、利益誘導と官職叙任権によって、その優位性を維持して来た政党だ。

長い間、自民党は、中選挙区制のもと、「私兵」（国会議員や市町村議員、業界団体）を募った政治家が、派閥の領袖《りょうしゅう》を名乗り、派閥間の切磋琢磨と合従連衡によって擬似「政権交代」を演出することに長《た》けていた。イデオロギー的には右から左まで、いわば思想雑食の派閥連合体を成していたのである。

与党として安定した政権運営が可能となり、しかも利益が既得権益化し、一定のローテーションで官職叙任が実現するとなれば、政治家であることが「家業化」しても不思議ではない。衆院議員だけでも、自民党の場合、世襲率が三割以上に達するのも、政治の家業化に伴う「三バン」が威力を発揮しているからである。

世襲議員であれば、きっとその三バンという政治的資産の継承に心血を注ぎ、「家業」を絶やさないように手練手管を駆使し、抜かりがないに違いない。こんなことを想像しがちだ。ところが、その先入観は空振りに終わった。少なくとも、私が直接会った国会議員と地方議員の場合は、そのような先入観とは正反対で、むしろ家業を引き継ぐことに逡巡《しゅんじゅん》した形跡すら窺《うかが》える。

国会近くの老舗ホテルのレストラン。その片隅の席に座って淡々と自らを振りかえりながら政治家について語る自民党の佐藤勉衆院議員からは、総務大臣をはじめ、内閣の要職を歴任し、また安全保障関連法の衆院通過に辣腕を振るった、凄腕《すごうで》の世襲議員というイメージはない。むしろ地味な「仕事師」といったところか。実際、本人が度々口にするのは、政治はパフォーマンスではなく、汗をかくことであるという言葉である。

栃木四区、祖父は県議・壬生《みぶ》町長、父も県議会議長・同町長の、地方名望家を絵に描いたような当選八回の実力者だ。しかし、国政に出たい人、あるいは権勢の人といったギラギラしたものが少しも見えて来ない。いや、この気負いのなさこそ、世襲議員の世襲議員たる所以《ゆえん》なのかもしれない。ただ、そこには松下政経塾で見たような国家の経綸《けいりん》を語る「政治家の使命」といったものは見いだしがたい。むしろ、そこにあるのは自らの分限を弁《わきま》えた、人間関係に長じる「世話役」としての政治家の姿である。

衰える基礎体力

世話役としての政治家。このイメージは、千葉県東金市選出の石橋清孝・県議の場合も同じ

千葉県議・石橋清孝氏の自宅

だ。石橋氏は、東金で代々、名主・村長を務めて来た旧家の豪農家の二〇代目にあたる。父親は、第一次海部内閣で文部大臣の要職にあった一弥氏。祖父も県議を務めた、典型的な地方名望家の出だ。

とはいえ、石橋氏が家業を引き継ぐことに心血を注ぎ、その政治的資産の温存のために多大の犠牲を払って来たわけではなさそうだ。むしろ成り行きで家業を継ぎ、地方政治家になってからは世話役に徹し、五期十数年にわたって県政にかかわって来たことになる。

佐藤氏にしろ、石橋氏にしろ、国政と県政の違いはあれ、世襲議員でありながら、というより、そうであるがゆえに、国家の経綸よりも、具体的な実利の世話役にその本領を発揮して来たと言える。自民党が地方の保守層に根を張ることができたのも、こうした世話役の政治が世襲を通じて引き継がれて来たからに違いない。

しかし、全体としては、自民党の支持基盤、その基礎体力は衰えつつあると見るべきだろう。長年、国会や議員会館、自民党本部に出入りし、歴代の実力者を見続け、そのことを誰よりも冷徹に観察している何人かに会った。彼らは、永田町と自民党の過去に対する冷静な評価と現状への強い危機感を口にした。

現状を見れば、政党政治と言うのもおこがましく、実態は徒党を組んだ集団の「徒党政治」であり、日本ではいまでも近代的な政党政治が根付いていないこと。そのなかでも、「私兵づくり」に励み、派閥の領袖から総理・総裁を目指す苛烈な権力闘争が演じられたこと。

しかし、小選挙区比例代表制や政党助成法など、数々の「政治改革」という名分のもと、権力の集中化が進み、リーダーのキャラクターや人気で「風」が吹き、それに便乗する一発屋的な「にわか政治家」が当選するようになったこと。これらの新人政治家の多くが、「私兵」をつくることはおろか、人間関係の構築やコミュニケーションすら未熟であること。こうした分析は共通していた。

そこには、政治のウラのウラを知り尽くした「プロ」ならではの慧眼《けいがん》がある。彼らの脳裏にあるのは、自民党の人材不足が深刻になりつつあるという危機意識であり、党が一方で世襲の政治家によって占められ、他方で風頼りの、本格的な権力闘争すら経験したことのないにわか政治家で埋められている現状への強い蟠《わだかま》りである。もはや叩き上げの党人派的な政治家が輩出される余地はなくなりつつある。言外には、そのような含みが読み取れる。

ではどうしたらいいのか。話を聴いた人たちの回答は、意外にも政党助成金など、既成政党への特別な支援をやめ、また公職選挙法も改正して、平等な条件のもと、自由な選挙運動を展開できるよう制度改革を推し進めることだった。

そうした試みをしなければ、新陳代謝は進まず、有為の政治家は生まれないということか。「一強多弱」と言われる政党の勢力図のなかで、その当の一強のなかに進行しつつある人材の払底。それでは、連立与党を組むもうひとつの政党、公明党の場合はどうだろうか。また「多弱」と呼ばれる野党の政治家はどのようにして輩出されているのだろうか。

広げぬ候補者選抜システム――公明、共産の強みと限界

自民党内に忍び寄る、人材払底という暗い影。それは、連立政権の一角を占める公明党内にも違った形でさしているのではないだろうか。

当初の結党宣言にある通り、公明党は「仏」の教え（仏法）を、「俗」の世界、政治と社会の法や制度に体現させる「王仏冥合《おうぶつみようごう》」を唱え、「仏法民主主義」に基づく政治の浄化を掲げて誕生した。この特異な立党の根本を支えているのは、言うまでもなく日蓮の仏法を信奉する信者の団体、創価学会である。

困難な創造的破壊

しかし強力な支持母体があることは、公明党の強みであると同時に弱点でもある。その弱点は、一九七〇年前後に起きた「言論出版妨害事件」で噴出し、それを契機とする「政教分離」への転換とともに、やがて公明党と創価学会は付かず離れずの関係へと移行していくことにな

る。もちろん、いまでも創価学会が公明党の後ろ盾的な支持母体であることに変わりはないが、「近年は創価学会幹部出身の国会議員は減り、党職員と創価学会職員の人事交流もない」（薬師寺克行『公明党』）という。

この変化は、日本社会の成熟化とともに、創価学会員の社会的な底上げと中流化、あるいはエリート化が進んだことと無縁ではない。確かに公明党の政治家への人的資源は、豊かになり、多様化しつつあると言える。では、それによって公明党は、無党派層が公明党に抱きがちな固定的なイメージを打ち破り、ウイングをより広げていく政党へ脱皮していけるのか。

この疑問を携え、衆院第二議員会館一二階の隅の部屋に井上義久幹事長を訪ねる。白髪の端正な顔立ちに眼鏡。連立与党の「大幹事長」というより、大学教授を彷彿させる温厚な雰囲気だ。

その幹事長が政治家の資質として言及したのは、実行力と他人《ひと》の痛みが分かることという、いたってシンプルだが、「経世済民」に通じる条件だった。それでは、そのような条件や資質の政治家は、いったいどこからリクルートされているのか。井上幹事長の答えはこうだ。「信頼できる人材」は、要するに創価学会の青年部などに属する学会員で、能力、見識、人柄とも評価の高い、学会の推薦を受ける人物から選ばれるのである。この選抜のシステムこそ、党の信用と安定した基盤を支えている――。井上幹事長の確信に揺らぎはない。

だが、堅実でほとんど変わらない支持基盤とリクルートシステムが続く限り、果たして公明党は、自民党のもうひとつの派閥としてではなく、「与党内野党」として「下駄の鼻緒」（山口那津男代表）の存在感を今後も発揮していけるのだろうか。連立相手の自民党がより右寄りの政党へと姿を変え、改正教育基本法や特定秘密保護法の成立、さらに憲法改正がアジェンダにのぼるなか、そのような存在感を示すためには、無党派層へのウイング拡大による票の掘り起こしと、議席数の増加が避けられないのではないか。

そのために政治家選抜システムを見直し、学会を経由するリクルートだけでなく、より広い分野からの「選良」の採用システムへと舵を切ることができるか。この公明党結党以来の〝冒険〟に、井上幹事長の口から歯切れのいい答えを聞くことはできなかった。それは、大幹事長ですら逡巡せざるをえない「創造的破壊」だからだろうか。

では、そうした創造的破壊は、「一強多弱」を強いられている野党のなかに進行しつつあるのだろうか。野党共闘の台風の目とも言うべき日本共産党本部に向かった。

職業的革命家

日本共産党。既存の政党としては日本で最も古い老舗中の老舗の政党でありながら、戦後「合法化」された歴史には、二〇世紀の日本の明と暗が刻み込まれている。そのためか、共産党は、公明党の頭越しとはいえ、創価学会との間に「創共（共創）協定」を結んだ歴史があるにもかかわらず、公明党以上に固定したイメージと好悪の激しい政党であり続けて来た。

しかし、二一世紀になって十数年、その共産党が二〇一六（平成二八）年七月の参院選で「野党と市民の共闘」、そして野党共闘の指導的な政党に躍り出ることになったのだ。その「共闘効果」か、三二の一人区のうち、一一選挙区で勝ち抜いた。しかも共産党自身が比例代表で六〇〇万票台に乗せ、改選議席を倍増させたことは、躍進と言っていい。その土台となっているのが、一九六〇年代初めに決定し、二〇〇四年に改定された「日本共産党綱領」だ。その核心をなすのが「統一戦線」と「民主主義革命」による「民主連合政府」の樹立である。

綱領には「労働者、勤労市民、農漁民、中小企業家、知識人、女性、青年、学生など、独立、民主主義、平和、生活向上を求めるすべての人びとを結集した統一戦線」が掲げられている。安全保障法制や憲法改正など、戦後の「国のかたち」を変えかねない大きな争点を控え、「世界観や歴史観、宗教的信条の違いをこえて」、そうした各界各層の国民の結集・共同による統一戦線こそが、民主主義革命には不可欠であり、その段階を経たのち、「生産手段の社会化」へと移行する「社会主義的変革」の段階へと突き進むということなのだろう。この意味で共産党にとって危機はチャンスの到来であり、民主主義革命の機は熟しつつあるということになる。

きっと共産党本部にはある種の高揚感が漲っているのでは。そう思いながら、予備校や専門学校、飲食店が犇めく代々木駅界隈《かいわい》に聳え立つ党本部に入ると、拍子抜けするほど深閑《しんかん》としている。「代々木」と言えば共産党、共産党と言えば「代々木」。悪質な反共キャンペーンからすれば、「代々木」は伏魔殿のように見られているかもしれないが、館内はいたって平静だ。

案内されて驚いたのは、〝御大《おんたい》〟の志位和夫委員長が顔を出してくれたことだ。舌鋒《ぜつぽう》鋭く政府・与党を追及する筋金入りの「闘士」というよりもむしろ、はにかみ屋のアカデミシャンの印象だ。それでも、野党と市民との共闘に話が及ぶと、舌は滑らかになり、確かな手応えが路線への自信を深めていることが分かる。綱領に挙げられているような労働者、勤労市民……といった、いわば「被支配階級」の市民に支持される政治家と政党。これが共産党の姿ということになる。確かにいまほど共産党が市民社会に着床し、その距離を縮めることに成功した時代はないかもしれない。「革命」と言っても、それは議会制民主主義を通じた合意形成による「多数者革命」を指しているからだ。

それでも、教師や医者、弁護士など、各界各層からリクルートされる政治家が共産党を担うといっても、それらに先んじて「職業的革命家」という言葉を耳にした時、さすがに時代がかったニュアンスを感じざるをえなかった。職業的革命家に、フツーの人はどんなイメージを抱くだろうか。やはりそこには革命の「前衛」＝「党中央」というヒエラルキー、そして前衛と後衛の区別と、「選良」による指導、という図式が浮かび上がって来そうだ。そこに経世済民の政治家をめぐる共産党の限界があるのでは――。その疑問を委員長に問い質《ただ》す機会を失ったまま、私は本部を後にした。

第七章
動脈の槌音

膨張、総力戦への序曲——陸蒸気がもたらした革命

「汽笛一声新橋を　はや我汽車《わが》は離れたり」。鉄道唱歌としてあまりにも有名な東海道編である。ただ、この唱歌が東海道線ばかりでなく、日本全国にわたり、やがて朝鮮半島から旧満州にまで及んでいたことをどれだけの人が知っているだろうか。鉄道唱歌は、日本の近代化とその対外的な膨張の歴史が、鉄道とともにあったことを物語っているのである。

総力戦への序曲

アジアにまで広がった鉄道網の最初の出発点は、一八七二（明治五）年に開業した鉄道ターミナル新橋停車場である。その駅舎を復元した「旧新橋停車場」は、高層ビルが立ち並ぶ汐留地区の一角に佇んでいる。レトロな建物、石積みのプラットホームや鉄道発祥の証しとも言える「０哩《マイル》標識」とレールなど、確かに当時を偲ばせる史跡が現代に甦ってはいる。でもどこか拍子抜けするほど地味な感じは否めない。

しかし、新橋―横浜間の鉄道の開業式は、それこそ盛大な、誕生間もない明治国家のすべての威信をかけた一大セレモニーであった。その証拠に開業式に臨んだ明治天皇は勅語で、祝意とともに全国に鉄道網が広がることを願うと述べている。

鉄道が富盛や富強の源になり、その拡張が、すなわち国威や国力の拡大につながることは、中央集権化を推し進めようとする「有司専制」にとっても歓迎すべきことだった。鉄道は大久保利通の「殖産興業に関する建議」（一八七四年）によって、殖産興業と富国強兵を牽引する、それこそ近代化の機関車とみなされたのだ。

官設官営の方針からはじまった鉄道事業は、創業一〇年にして私設鉄道の誕生にまでこぎ着け、やがて政府が配当保証を行う鉄道事業が当たり、「鉄道病」とも言える建設ラッシュがはじまる。その起爆剤になったのが、日本鉄道だ。

枯渇する官設鉄道の資金に代わり、民間資本による建設が、華族の膨大な金禄公債を資本に転化させることによって進められるようになった。鉄道は、資本の原始的蓄積を促す起爆剤であり、また資本主義のエンジンでもあった。この意味で、「陸蒸気《おかじょうき》」は、革命の志士よりも革命的な変化をもたらしたのである。

どれほど革命的であったかは、近代日本の外貨獲得のための最も重要な輸出品である生糸の生産と輸送に鉄道が飛躍的な発展をもたらしたことからも明らかだ。日本鉄道によって一八八五（明治一八）年に群馬県・高崎と横浜が直結されると、上毛の繭・生糸は世界市場への販路を見いだすことになった。また、官設鉄道としてアプト式鉄道（旧碓氷線）が群馬県・横川と長野県・軽井沢を結ぶようになると、信州から東京、さらに横浜へのルートが開かれ、養蚕業は隆盛を極め、商品流通にも劇的な変化がもたらされた。

さらに、日露戦争以後、急速な重工業化が進み、朝鮮半島から旧満州への進出の足がかりが見いだされると、日本の鉄道は新たな段階へと突き進む。大量・高速・頻繁そして稠密の連絡・輸送体制が、国内のみならず海外にまで拡大されることになったからである。その画期となるのが、鉄道国有法の制定（一九〇六年）だ。それは、ありとあらゆる物品や原料、人員を動員することになる、後の総力戦体制の連絡・輸送網確立への序曲となっていく。先の碓氷峠越えの鉄道の電化（一九一二年）も、そうした趨勢《すうせい》の一環であった。

漱石の予見

いま、重要文化財に指定されている「碓氷峠鉄道施設」は、その歴史的な役割を終えて安らかに眠っている感じだ。それでも、旧碓氷線最大の構造物であり、国内最大規模の煉瓦造りアーチの「碓氷第三橋梁《きょうりょう》」（通称・めがね橋）を下から仰ぐと、その雄姿に思わず感動の声を上げてしまう。それは、峻厳《しゅんげん》な自然の障壁すらも穿《うが》って突き進む文明の意志の凄まじさと逞《たくま》しさを目に見える形で示してくれるからである。

しかし、満州事変以後、日本全体が、制動の利かない機関車となって暴走し出した時、その飽くなき意志は、破局への坂道を転げ落ちていく。文豪・夏目漱石はまるでそれを予見していたかのように、名作『三四郎』の主人公が車中で出会う広田先生をして「亡びるね」と語らしめた。漱石は明らかに、鉄道に、汽車に、文明の、そして近代日本の危うさを見て取っていたのである。

「余は汽車の猛烈に、見界《みさかい》なく、凡《すべ》ての人を貨物同様に心得て走る様を見る度に、客車のうちに閉ぢ籠められたる個人と、個人の個性に寸毫《すんごう》の注意をだに払はざる此鉄車とを比較して、――あぶない、あぶない。気を付けなければあぶないと思ふ」（『草枕』）

それでも、いったんは「亡びた」はずの文明の意志は、戦後の高度成長とともに、というより、それを牽引する力として再び頭をもたげて来ると、それはまたも鉄道へと向けられることになる。一九六〇年代には東海道新幹線の開業とともに、幹線鉄道の輸送力の飛躍的な拡大が実現し、高速鉄道網が次から次へと拡大、延長し、経済大国の「動脈」となっていった。

とりわけ、新幹線は、高度成長から取り残された地域にとって垂涎の的となった。地域の開発伸展の決定的な牽引車とみなされたのである。かつての明治国家の「富国」が「富地」に変わり、「我田引鉄」とも呼ばれる地域間の誘致合戦が繰り広げられ、それは「現世御利益」的な利益誘導政治によって一層熾烈《しれつ》を極めることになる。

だが、モータリゼーションの拡大と財政赤字、地方の利用者数の減少とともに、ローカル線のような、動脈に対する「毛細血管」の統廃合が進められ、さらに一九八〇年代半ば、国鉄改革によって明治以来の官設・国有鉄道の歴史に幕が下りると、日本の鉄道は新たなステージへと向かっていく。公共機関としての鉄道から資本経営としての鉄道への転換である。

とはいえ、高度な技術を要する高速鉄道あるいは超高速鉄道が、国家戦略的なインフラであることに変わりはない。この点で注目されるのが、夢の鉄道とも言えるリニア中央新幹線だ。

旧国鉄は一九七〇（昭和四五）年から本格的に超電導磁気浮上方式によるリニア新幹線の研究・開発をはじめたが、それはいま、政府の三兆円にのぼる破格の条件の財政投融資という援軍を得て、前倒しで東京―大阪間開業（二〇三七年予定）にこぎ着けようとしている。品川―名古屋間を四〇分、品川―新大阪間を一時間七分で移動できる超高速陸上輸送機関の出現は、日本列島の人口と富が集積する関東・中部・関西の三つのゾーンの融合を進め、これらの地域に計り知れない経済効果をもたらすかもしれない。

しかし、それはこの巨大な圏域に、ますます人口が集中し、富が集積する事態を招くことになりかねない。それは、地方創生に逆行するだけでなく、均衡ある国土の発展という年来の基本的な国づくりのあり方を事実上、放棄してしまうことを意味している。

山梨リニア実験線を時速五〇〇キロで一瞬に走り抜けていく超電導リニアを目で追っていると、そうした懸念がますます膨らんで来る。「おさき真闇《まっくら》に盲動する汽車はあぶない標本の一つである」（『草枕』）。この漱石の言葉が頭の片隅から離れなかった。

権力の源泉になった道路網――老朽化で顕在するゆがみ

「中央フリーウェイ（中略）この道は　まるで滑走路　夜空に続く」。荒井由実（松任谷由実）さんの独身最後のアルバムに入った「中央フリーウェイ」の歌詞である。フリーウェイとは、信号のない自由な道路を意味するが、そこにはユーミン・ファンならずとも、現実を軽やかに超えて「流星」のように駆けてみたいという人々の無意識の願望が映し出されている。

この歌が流行《はや》った一九七〇年代半ば、すでに日本では乗用車の保有台数は一五〇〇万台を超え、二〇一六（平成二八）年時点で約四〇〇〇万台となっている。また、少子高齢化と核家族化に拍車がかかるなか、一世帯当たりの人数の減少とともに、一九七〇年代半ばで約六〇〇万台であった軽自動車の保有台数は、二〇一六年時点で、三二〇〇万台を超えるまでになった。

車の両輪

一九一九（大正八）年にかつての内務省が管轄していた道路について、国と地方自治体の責任区分を明確化した旧道路法が成立し、同時期に旧都市計画法が制定された時代からほぼ一〇〇年近く、日本のモータリゼーションは、自動車の保有台数だけを見ても、一万倍以上に跳ね上がったことになる。この爆発的なモータリゼーションは、車が走る道路なしには不可能であることは言うまでもない。いまや日本の道路総延長は一二〇万キロを超え、赤道三〇周の距離に達している。

中央フリーウェイを流星となって飛んでいきたいという願望は、道路という「基幹的なインフラストラクチャ」（武部健一『道路の日本史』）の全国的なネットワークなしには想像することすらできなかったはずだ。耐久消費財としての自動車の大量生産と、それを購買できる可処分所得をもった膨大な「新中間大衆」（村上泰亮）、そして全国に張りめぐらされた道路網の三つが揃った時、「マイカー」に託された移動する密室としての自動車は、軽快なフリーウェイの夢を叶《かな》える束の間の自由な空間となったのである。

流れ作業方式による複数の製造ラインをシンクロナイズし、最終組み立て段階で合流させる生産システムと、当時としては破格の高待遇と言える日給五ドルの賃金によって自社生産のモデルTを購買できる労働者の雇用システムを合体したフォーディズムから一〇〇年余り、日本はある意味でアメリカ・フォーディズムの最も成功した後継者となったと言える。

その成功は、戦後の日本で自動車産業の隆盛と道路整備の恒久的な財源の確保を両輪として叶えられることになった。戦後復興の「天佑神助」とも呼ばれた朝鮮戦争の最中、ガソリン税を道路特定の財源とする臨時措置法が成立し、やがて猛烈な自動車の普及とともに、道路整備に必要な安定的な財源が半世紀以上にわたって確保され、国土のモータリゼーションが実現したのだ。こうした自動車と道路の好循環を権力の源泉にし、日本列島改造を試みたのが、田中角栄である。

「道路族」という言葉が示すように、道路の計画と経路の選定、建設と整備は、地域の物産・流通・交通の開発と結びつき、「我田引道」とも言える利益政治にまみれる面がなかったわけではない。田中角栄は、そうした道路族のパイオニアにしてその完成者であった。

しかし、田中角栄のような新興勢力が、道路を権力の資源のひとつとすることができたのは、裏を返せば、明治以来、国家のエスタブリッシュメントが、その国家的インフラ政策の面で鉄道に傾斜して来た経緯があるからだ。

国のかたち

明治に入り、国家が道路に関して率先して取った政策は、有料道路制度だった。一八七一（明治四）年の太政官布告第六四八号は、道路や橋梁の建設・整備・運営に私人がかかわり、その財源として料金の徴収を認めた。その第一号が一八七五（明治八）年に開通した東海道筋の現小田原市板橋から箱根町湯本山崎までの四・一キロだ。鉄道が普及しても駅から目的地への連絡や輸送には道路が不可欠であり、また膨大な資本の集積と技術、労力の投入を要する鉄道には時間がかかり、そのため僻遠《へきえん》の地や天然の障害に阻まれた地域では道路が往来や連絡、輸送の脈流として歓迎された。

この点で興味深いのは、静岡市駿河区の宇津ノ谷だ。現在ではわずか四〇世帯、百数十人が暮らす旧東海道沿いの集落に、明治初めに日本で最初の有料のトンネルが開通し、さらに大正、昭和、平成と四世代のトンネルが現存、しかも昭和と平成のトンネルを国道一号が走っているからである。宇津ノ谷は、明治以来の近代日本の道路という脈流が、僻遠の地をどのように変えていったのか、その変貌をぎゅっと圧縮した形でいまに伝えている。

静岡市内から車で一五分、国道一号を西に進むと、「道の駅　宇津ノ谷峠」が見える。大型トラックやバス、自動車がひっきりなしに行き交う交通量の多さに驚く。歩道橋を渡り国道を横切ると、宇津ノ谷の集落が端正に敷き詰められた石畳の道の両側に軒を並べ、時間が止まったようにひっそりとした佇まいを見せている。車の騒音もやみ、あたりは静かな山間の美しい光景が広がっている。

だが、その牧歌的な景色とは裏腹に、宇津ノ谷峠は、古くから東海道屈指の難所として知られ、やがて一八七六（明治九）年、トンネルが開通して峠越えに大きく貢献することになった。煉瓦造りの全長二〇〇メートル余りのトンネルに入ると、煉瓦の赤みがかったくすんだ色が天井に吊《つ》るされた灯火でぼんやりと霞み、タイムスリップしたような感覚に襲われる。もちろん、

第七章　動脈の槌音

旧東海道の面影を残す静岡市駿河区・宇津ノ谷

当時は自動車ではなく、人や馬車、人力車が往来していた。それでも、有料のトンネルは、新たな脈流を通じて山間の集落の交通事情を大きく変えることになった。

さらに大正、そして昭和と平成の各トンネルが開通すると、それは国道一号となり「日本国道路元標《げんぴょう》」が設置されている東京・日本橋にまで連なっていく。

日本の道路総延長のうち、圧倒的な割合（八割以上）を占めるのは、市町村道だ。この道路網の基礎となる市町村道の上に宇津ノ谷峠を走る国道一号のような一般国道、その上に高速自動車国道がある。一二〇万キロ余りの道路総延長は、そうしたヒエラルキーをなす道路網を指しているのである。この道路網は、宇津ノ谷峠のような難所の変貌が示すように、国土のモータリゼーションを促し、日本の各地域をネットワークによって結合することを可能にした。

しかし、急激な少子高齢化と過疎化、東京を中心とする大都市への著しい集積と地域の疲弊、さらに巨大災害のリスクと、「ライフラインの収納施設」としての道路などのインフラの老朽化といった、国土空間の歪な変化が顕在化し、システムとしての道路そのものの機能と強靱《きようじん》化、さらにそれを支える財源の確保が新たな課題として浮上している。そこでは国土の脈流としての道路が、均衡ある国土の発展とどうかかわるべきなのか、「この国のかたち」のあり方が問われているのである。

第八章
近代の奈落

海が語り継ぐ日本の宿痾——水俣病を放置した差別構造

公害とは何か。環境基本法（一九九三年）のお役所的な定義を読んでも、公害とは何なのか、なぜ起きるのか、誰がもたらし、誰がその犠牲者になるのか、具体的な像が結ばれては来ない。「事業活動その他の人の活動」により「大気の汚染、水質の汚濁」などが進み、「人の健康又は生活環境に係る被害が生ずる」——。

基本法の定義には、肝心要のことが抜け落ちている。公害の主体と客体が削ぎ落とされているのだ。それは、この公害の定義が、活動に焦点を合わせ、その主体とは誰のことなのか、口を噤《つぐ》んでいるからである。

世の中を見る鏡

言うまでもなく、事業活動の主体は、営利企業だ。企業は、家計や政府とともに、国富を形成する私的な経済主体である。でもなぜ、私的な経済単位の事業活動から生み出される被害が公害と呼ばれるのか。それは人の健康と生活環境の被害が、質的にも量的にも深刻かつ巨大であり、必然的に政府や社会の領分にまで広がっていかざるをえないからである。

さらに、公害は、地域という、自然や風土、インフラや労働、伝統や文化などが一体化した生活圏の破壊をもたらす以上、過激な表現を使えば、地域コミュニティーの「緩やかなジェノサイド（大量虐殺）」を意味している。

では、どうしてこうした惨状が事実上放置され、訴訟をめぐって気の遠くなる歳月を要し、被害者は二重三重の苦しみに喘いで来たのだろうか。

日本の公害の原点とも言われる水俣病の歴史を伝える水俣病歴史考証館のパンフレットには、こう記されている。「なぜ、罪科のない人々が理不尽な苦しみを強いられなければならなかったのでしょうか」と。この無辜《むこ》の民が強いられた公害という名の、構造的な奈落。その歴史を辿れば、日本の近代とは何であり、何であり続けているのか、その片鱗《へんりん》が見えて来るかもしれない。水俣病は、「世の中を見る鏡」であり、その鏡は日本の近代のさまざまな事象を残酷なまでに克明に映し出しているのではないか。こうした予感を胸に私は熊本県水俣市に飛んだ。

水俣病の公式確認（一九五六年）から六〇年、私は「エコパーク水俣」（水俣湾埋め立て地）に立った。横殴りの雨に、海も荒れもよう。晴れた日にはユーモラスな姿で来訪者を迎えてくれるこんもりとした恋路島も、小雨にけぶって灰色の島影が見えるだけだ。親水護岸に近づくと、パターン、パターンとコンクリートに激しく打ち寄せては砕ける波の音がする。その時、私は『苦海浄土』を著した石牟礼道子さんが、海の自然の宝が人を生かしていた頃には、岩の間に波がくぐり込んで立てる音は、「チャポン、チャポン」になると語っていたことを想い出した。

埋め立て地の多くが環境と健康の公園として甦り、一見すると、そこには死の海と化した水俣湾の禍々《まがまが》しい姿はどこにもない。しかし、浚渫《しゅんせつ》して埋め立てた下には、有機水銀にまみれたヘドロと、絶滅した海の幸たちの亡骸《なきがら》が眠っているのだ。水俣病に蓋《ふた》をするとはこんなことなのか、深い感慨がこみあげて来る。

水俣病慰霊の碑に目をやると、雨に濡《ぬ》れる数体の魂石《たましいいし》が見えた。怒るのではなく、むしろ静かに人間の愚かさを悲しみ、そしてひっそりと鎮魂と慰霊の慈悲の表情で佇む野仏たち。それは、奈落を味わった人たちが辿りついた巡礼の姿なのかもしれない。

水俣病はかつて「うして（棄《す》てる）水俣病」と言われたように、長いこと棄てられていた「棄民の病」だった。そしていま、もう一度コンクリートのなかに「うして」られようとしているのではないか……。そんな疑念が澱《おり》のように私の心を暗くした。

苦海浄土

水俣病が公害の原点と言われるのは、それまで経験も想像もしなかった被害をもたらしたからである。何よりもメチル水銀が環境を汚染し、それが食物連鎖の濃縮過程を通じて生物に害を与える、まったく新しい中毒事件という点で、直接的な毒物摂取の中毒と根本的に異なっていた。そして胎児性水俣病の発生という、人類史上初の事態が起きたのである（原田正純『豊かさと棄民たち——水俣学事始め』）。

毒物は海に、川に、そして大気中に投棄すれば、稀釈《きしやく》され、無害となるはずだ。この自然の有限性を無視した、いわば自然への甘えによる汚染。それは、人間と自然の循環的な一体性を根こそぎ破壊し、同時に海の幸やネコ、家畜、そして人間の体内深く蝕《むしば》み、奈落の底に追いやった。食物連鎖が「いのち」の連鎖であるとすれば、水俣病はそれを断ち切るハザード以外の何ものでもなかったのだ。

にもかかわらず、公害の加害者である新日本窒素肥料（現在のチッソ）の反応は鈍かった。鈍かっただけではない。発生と拡大の防止にも、賠償・救済にも、不作為と怠慢を繰り返して来た。アセトアルデヒドの製造設備を稼働停止し、水銀流出が止まったのが、公式確認から一二年、また患者団体との和解協定の調印に至ったのは、実に四〇年経ってのことである。

どうしてこれほどまでに被害者は疎んじられ、棄てられて来たのか。それは、水俣の地に「泣く子と地頭には勝てぬ」を地でいくような「泣く子とチッソには勝てぬ」という、チッソを頂点とするヒエラルキーが頑然と聳え、その差別構造の底辺に漁師たちが位置づけられていたからだ。同じ集落の人々から得体の知れない「奇病」として疎んじられ、蔑まれ、壮絶な病苦と貧困のなかでのたうち回った人々……。

それに追い討ちをかけたのが、救済の手を差し伸べるべき公的機関の仕打ちだった。国は不作為を重ね、その惨状を黙認し、責任を認めざるをえなくなってからは、事実上、救済を抑制するような認定基準を盾に切り捨てにも等しい措置を取った。そこに見え隠れするのは、成長と発展、富国のためには人間を人間と思わない、まるで何かに取り憑かれたような信奉ぶりである。

水俣病に罹患《りかん》したことが差別を生み出したというより、差別のあるところに公害が発生したと言った方がより実態に近いのかもしれない。究極の差別は、生理的弱者としての胎児性水俣病となって発現する。

公式確認から六〇年とほぼ同じ齢《よわい》に達しようとしている胎児性の患者さんが集う共同作業所「ほっとはうす」を訪れたのは、残暑厳しい頃だった。施設長の加藤タケ子さんの案内で交流の機会に恵まれた皆さんには、患者というラベルから漏れてしまう喜怒哀楽の豊かな表情があった。彼らを、近代の奈落の底深くで授かった「水俣の宝子」と呼んだのは、反農薬水俣袋地区生産者連合会長を務め、自らも水俣病患者の語り部だった杉本雄さんだった。

いまは亡き父・雄さんと母・栄子さんの後を継ぎ、水俣の記憶を伝えようとする杉本肇さんに連れられ、袋湾沿いから黄金色に照り映える天草の島々を遠くに眺めると、その美しさに「生き物の中の一匹」（漁師で患者の緒方正人さん）となって不知火《しらぬい》の海へと泳いでいきたい気

『苦海浄土』の著者・石牟礼道子さんを訪ねて

持ちになったほどだ。「苦海浄土」。思わず私はそう呟いていた。不知火の海は、そしてその海を宝とした人々の記憶は、近代日本の宿痾がどこにあるのかを静かに語り続けているのである。

時代またぐ人間無視の思想——赤茶けた足尾の通奏低音

水俣病の原因のうち、小の原因は有機水銀、中はそれを垂れ流したチッソ、そして最も大きな原因は、人を人とも思わない、人間無視、人間差別であると喝破したのは、胎児性水俣病の発見者である原田正純さんだ（『水俣が映す世界』）。

人の生命を鴻毛《こうもう》のように軽く粗末に扱うのは、何よりも戦争である。戦前の日本は明治以来、日清戦争、日露戦争、第一次世界大戦、シベリア出兵、満州事変、日中戦争、アジア・太平洋戦争と、まるで戦時の連続のなかにエピソードとして平時が挟まっているような七十数年を閲《けみ》した。戦後、民主日本は、そうした時代の反省の上に、人を人と思わない人間差別を撤廃し、人間が人間として尊ばれ、人間を活かす社会を目指して来たはずだ。

滅亡した村

だが、水俣病はそうした社会建設が最も活況を呈した時期（高度成長期）に発生し、今日でも水俣病は過去になってしまったわけではない。どうして人間の忌まわしさを映した過去は死なないのか。

それは、いまでも、というより、戦後からずっと人を人と思わない状況が続いているからではないのか。百数十年の星霜《せいそう》を経ても過去になりきれないという意味で、足尾鉱毒事件ほど、公害の原点中の原点と言うにふさわしい公害はない。それは、戦前と戦後の断絶をまたいで、人間無視、人間差別の公害として近代の奈落から日本の歩みを問い続けているのである。

まるでこのことを予見していたように、労働運動家の荒畑寒村《あらはたかんそん》は、血気盛んな二〇歳の頃の作品である『谷中村滅亡史』のなかでこう書いている。

「あゝ鉱毒問題！　言の何ぞ既に古くして、事のなほ今に新しきや。誰れかいふ鉱毒は既に絶滅せりと、鉱毒問題は過去の事なりと。見よ、事実は尤《もつ》とも雄弁に、これらの言の虚妄なるを証明せるにあらずや」と。

足尾鉱毒事件は過去のことではない、むしろいまも新しい。このことを確かめるため、私は鉱毒事件によってもたらされた栃木県の谷中村滅亡の地に足を運んだ。

滅亡した村の史跡がその一角に保存されている渡良瀬遊水地は、東京のＪＲ山手線三五キロの内側の半分を超える面積の、関東平野にぽっかりと広がる葦《よし》の原であり、栃木、茨城、埼玉、群馬の四県にまたがる利根川水系渡良瀬川の大遊水地である。なぜこうした遊水地が出来たのか、どうしてひとつの村が消えてなくなったのか、それは足尾鉱毒事件とどうかかわるのか、そこから見える人間を人間と思わない状況とは……。いくつもの疑問が、すでに何度か水俣を訪れたことのある私の胸に去来していた。

晩秋の日曜日、春を思わせるような時ならぬ陽気のせいか、遊水地のあちこちに家族連れや若いカップルが思い思いにうららかな休日を楽しんでいる。いくつもの湿地があり、目指す谷中村史跡ゾーンに近づくと、なみなみと水を湛えた渡良瀬貯水池が見え、カヌーやウインドサーフィンが点在し、のどかな自然公園か、レジャーランドに迷い込んだようだ。

案内役を買ってくれたのは、田中正造大学の事務局長を務める坂原辰男さんだ。背負うべき歴史の重みを一身に引き受けて来たのか、体つきは小柄だが、その顔は歴史の年輪が刻み込まれていると思えるほど重厚で、しかしどこか若々しい。坂原さんに連れられ、二、三メートルにも伸びた茫々《ぼうぼう》とした葦のなかの細い道を歩いていくと、あの田中正造最後の戦いの拠点となった雷電神社跡や延命院跡、そして共同墓地が姿を現した。

付近に、まるで歴史の迷い子のように立つ白い看板には、そこがまさしく大地から根こぎにされた村民たちの故園であったことを物語る言葉が残されている。「谷中、銅山との戦なり。官憲之ニ加りて銅山を助く。人民死を以て守る。何を守る。憲法を守り、自治の権を守り、祖先を守り、茲《ここ》ニ死を以て守る」

この激烈な言葉は、足尾鉱毒事件に一命を抛《なげう》ち、一九〇一（明治三四）年に明治天皇への直訴を決行した田中正造の日記の一節である。この言葉にあるように、一九〇七（明治四〇）年六月二九日から七月五日にかけて、一六戸の家屋が政府によって強制的に破壊され、谷中村は消滅の悲運を強いられることになったのである。

なぜ政府は、こうした凶暴無残な破壊を強行したのか。その狙いは、谷中村に「瀦水池《ちょすいち》」を設け、洪水の際に横溢《おういつ》する、足尾銅山の毒水が江戸川にまで流れ込み、帝都東京に浸潤することを防遏《ぼうあつ》することにあった。だが、もともと洪水とそこに溢れ出す鉱毒は、銅鉱の流毒と山林濫伐《らんばつ》に起因していた。そして山林の濫伐と鉱毒流出は、政府が「七千六百町と云ふ官林」（田中正造『土地兼併の罪悪』）を新興財閥の古河に払い下げたことからはじまっていたのである。

そうした銅山の流毒と山林濫伐の害をこうむったのは、谷中村など、渡良瀬、利根の二流にまたがる、栃木、群馬、茨城、埼玉の村々だった。「関東中其比を見ざる豊饒《ほうじょう》の沃土《よくど》」（田中正造『非常歎願書』）であった谷中村は、資本と国家の「罪迹《ざいせき》を湮滅《いんめつ》」するために滅亡させられ、瀦水池に埋葬されることになった。

坂原さんによると、秋には共同墓地に点在する、苔《こけ》むした数基の墓石や無縫塔《むほうとう》、十九夜塔の周りが、曼珠沙華《まんじゆしやげ》（ヒガンバナ）の赤一色で染め上げられる、という。その赤は、「白葦黄茅《はくいこうぼう》の間を彷徨《さまよ》ひつゝ、光かすかなる落日の影をおろがみて、有司の冷酷と世の無情とに号叫」（荒畑寒村『谷中村滅亡史』）していたに違いない無告の民の血の涙を表しているのかもしれない。そんな思いに浸るほど、谷中村の跡地は、侘しくも悲しく、切ない俤《おもかげ》をとどめている。

谷中村の滅亡に至るプロセスと、一村の存続そのものが消去されていく歴史を見れば、そこに水俣病の歴史の雛形《ひながた》のようなパターンがすでに日本の近代の草創期に孕まれていたことに気づかざるをえない。それは、日本の近代化の「通奏低音」のように、その後も形を変えて繰り返されることになったのだ。

遊水地から車で二時間近く、その源流とも言える足尾銅山の本山製錬所跡近くに案内された頃には、幽冥界を感じさせるような山谷はすでに夕陰に覆われつつあった。軍艦島で、三井三池炭鉱跡で目撃した「廃墟」がそこにあった。製錬所を越えた最上流の、松木沢と仁田元沢への道路は遮断されている。

見上げれば、うっすらと影のようにそそり立つ山々は、一木もない荒蕪《こうぶ》をさらしている。半

第八章　近代の奈落

栃木県日光市・足尾銅山の本山製錬所跡

世紀ほど前、ここを訪れた作家の石牟礼道子さんは、その光景を「赤茶けた冥府《めいふ》の谷」（「天の山へむけて——魂の故郷谷中村」）と呼んだ。この冥府は、繁栄するかつての帝都、そして現在のメトロポリス・ＴＯＫＹＯがその背中に負う近代の奈落でもある。石牟礼さんは言う、「この国の首都の背中が、骨の髄から腐れ落ちつつあることがよくみえる」（同前）、と。洪水が起こる度に鉱毒流出の危険にさらされた地。その故郷を守っているのは、坂原さんのような、田中正造のレガシーを受け継ぐ人たちなのだ。冥府の谷を吹き抜ける風のなかに「足尾鉱毒事件は、なお今に新しきや」という寒村翁の声が聞こえて来そうだった。

第九章
宴の決算

時代錯誤のカンフル剤発想――巨大イベント追い求め

博覧会やオリンピックなど、華麗な国家的イベントは、私たちを魅了してやまない。イベントを通じて現出する豪華絢爛《けんらん》な異次元空間は、近代においてフランスによってつくられた。フランス革命期の一七九八年のパリでは、後の博覧会の原型となる「産業展示会」が開かれたし、国際オリンピック委員会を組織（一八九四年）して近代オリンピックを創始したのは、フランスの教育家ピエール・ド・クーベルタンである。

世紀転換期に開催されたパリ万国博覧会の壮麗さに、度肝を抜かれたのか、夏目漱石は日記（一九〇〇年一〇月二三日）に次のように記した。「博覧会ヲ観ル規模宏大ニテ二日ヤ三日ニテ容易ニ観尽セルモノニアラズ方角サヘ分ラヌ位ナリ」。漱石が観た会場付近の大通りは「夏夜ノ銀座ノ景色ヲ五十倍位立派ニシタ」明るさだったらしい。

理念なき迷走

明治以来の近代日本は、殖産興業と国威発揚の一環として、漱石が圧倒された国家的イベントに魅了され、めくるめく産業とスポーツの祭典に取り憑かれて来たと言っても言い過ぎではない。

しかし、漱石没後百年、万博にせよ、五輪やそれに準じるスポーツイベントにせよ、莫大《ばくだい》な財政的負担がかかる巨大イベントを敬遠する先進諸国の都市が相次ぐ。にもかかわらず、日本ではその類いのイベントの予定が目白押しだ。二〇二〇年の東京五輪・パラリンピック、二〇二五年の誘致を目指す大阪万博、二〇二六年の愛知県と名古屋市の共催による夏季アジア競技大会、さらに二〇二六年招致を目標にする札幌冬季五輪・パラリンピックなど、欧米と較べても突出している。

だが「O・MO・TE・NA・SHI」が話題になった二〇二〇年東京五輪にしても、まず招致ありきの国家的イベントに、肝心の東京ならではの明確な理念が見えているとは言いがたい。そのせいか、エンブレム騒動から、誘致をめぐる不正支払い疑惑、さらに新国立競技場建設問題や当初の試算をはるかに上回る総経費、また競技会場の変更など、迷走は続いている。

少子高齢化と低成長が進み、他方でさまざまな分断が生じるとともに、世界的に格差が広がり、地球環境の劣化が浮上する時代に、二兆円を上回るかもしれない巨費を投じてメトロポリス・TOKYOの施設とインフラの先端性を顕示するような巨大プロジェクトでいいのか。経済的効果と国威の顕彰に前のめりの国家的イベントとしての五輪のあり方そのものが、いま問われているのだ。

というより、五輪や万博のような巨大イベントをカンフル剤にして都市や国家の活力を取り戻そうとする発想自体が、少子高齢化が進み、低成長やゼロ成長が当たり前になりつつある「定常型社会」（広井良典）の日本にとって、もはや時代錯誤になっていると見るべきかもしれない。

それでは、こうした社会にふさわしい五輪なり、万博なりを構想するとしたら、どのようなものなのか。そう思いながら、一九九八（平成一〇）年冬に開催された長野五輪の会場へ向かった。

東京や大阪のような巨大都市や、札幌のような政令指定都市とも違う長野市。そのローカルな五市町村にまたがる長野五輪は、確かにビッグイベント型の五輪から脱却する可能性を秘めていた。

レジェンドと苦悩

時代は二〇世紀末。冷戦は終熄《しゅうそく》しながらも、湾岸戦争やユーゴスラビアの民族紛争などが暗い影を引きずり、他方、地球環境の劣化が大きな課題となって環境や人にやさしい産業のあり方や成熟社会への展望が問われるようになった。そんな時代に、本州のほぼ中央、秀麗な山岳地を抱え、有数の自然環境に恵まれた長野県での五輪は、過度の商業主義や巨大化の病理を抱えつつあった五輪を、もう一度五輪憲章の掲げる崇高な理念に少しでも近づける絶好のチャンスとなりうるはずだった。

実際、「愛と参加」や「自然との共存」、さらに「子供たちの参加」などを謳った長野五輪は、理念という点で、戦争と豊かさが共存する矛盾に満ちた「極端な世紀」であった二〇世紀を締めくくるにふさわしい五輪の姿を示唆していた。

とはいえ、理念と現実の間には、いつでもすきま風が吹きやすい。長野五輪の場合、何よりも財政的な不明朗さがつきまとっていた。招致委員会による「帳簿焼却事件」だ。施設費や運営費、さらに誘致活動の費用などを含め、不透明性が解消されず、経費の全貌が明らかにならないまま、住民一人当たりの負担額が決まってしまわざるをえなくなったカネの問題は、二〇二〇年の東京五輪の誘致と施設費、運営費の膨張とも絡み、長野五輪の華々しい成果の影となって離れることはなかった。

この問題は、長野五輪が、一九七二（昭和四七）年の札幌五輪と違い、国の補助が運営費はゼロ、施設建設費についても五〇％しかないというタガがはめられていたにもかかわらず、長野新幹線や高速道など五輪関連施設費を含めると、約一兆五〇〇〇億円の経費がかかったこととも関連している。この莫大な投資をする最新の施設とインフラ整備の先頭に立ったのは、「西武資本」を中心とするリゾート開発であり、それを歓迎する地元自治体の思惑だった。

晩秋の信州の空はどこまでも抜けるように蒼《あお》く、赤と黄のまだら模様の絨毯が纏綿として続いている高原の裾野の美しさは格別だ。白馬村のジャンプ台から眺める光景は、世界にもなかなか見つからないほどの絶景である。ただ、ジャンプ台をはじめ施設の老朽化は否めないし、懸命に補修しながら、維持、管理しているものの、スキー人口の減少はとどまることを知らないようだ。白馬と同じく長野市のエムウェーブ（スピードスケート会場）やビッグハット（アイスホッケー会場）、スパイラル（ボブスレーなどの会場）と、その管理システムは異なっても、維持や補修など施設の存続に悩む姿が浮かぶ。そうした現実は、身の丈を超える経費をかけた最新の巨大施設が、五輪の感動とは別に、「その後」にさまざまな課題を突きつけていることを意味している。

しかし、信州の地に開いた五輪の花は、何よりも日本選手の活躍ぶりや、民族紛争の不運を背負いながらひたむきに競技に打ち込む選手たちとの国境を越えた交流、市内の小・中学校がひとつの国の選手と交流するという「一校一国運動」など、さまざまな人と人との心の交流がとり結ぶ物語、レジェンドを残した。しかも、他律的な動員の面があるにせよ、ボランティアを通じて多くの県民が世紀の祭典に参加したことは、信州の地が世界とつながり、世界が信州につながっているという、市民・住民目線の国際感覚を広げた。それは長野というローカルな場所を確実に世界へと引き上げるテコになったのである。

長野五輪は、県主導の、「リゾートコンビナート」が結合したような開発型のイベントであ

第九章　宴の決算

長野県白馬村・白馬ジャンプ競技場

ったとしても、同時に県民の歴史と記憶にいつまでも残るレジェンドをつくり出したのだ。とはいえ、商業主義と巨大化、国威発揚型のイベントを根底から覆すような新たなモデルを提示しきれたわけではない。それでも、長野五輪のなかにそんなモデルに通じるさまざまな可能性が芽を吹きつつあったことは間違いない。

半世紀前に途絶えた未来——万博跡の倒錯した感覚

一九七〇（昭和四五）年三月、大阪・千里丘陵の広大な地で華々しく開幕した日本万国博覧会（大阪万博、ＥＸＰＯ'70）は、異例ずくめであった。アジアで初めての国際博覧会で、会期一八三日間の来場者数は、のべ六四〇〇万人を超えた。海外からの参加も七七カ国・地域、四国際機関などに及び、「世紀のイベント」として記憶される。

それは、日中戦争から太平洋戦争に向かうなかで潰えてしまった、一九四〇（昭和一五）年の「幻の日本博覧会」（東京を会場にした「紀元二千六百年記念日本万国博覧会」）の夢を実現することになったのである。

地球賛歌

世界のスポーツの祭典であった東京五輪から六年、日本はすでに一九六八（昭和四三）年にはＧＮＰ（国民総生産）で旧西ドイツを抜き、西側陣営で世界第二位にのし上がっていた。大阪万博は、日本が東京五輪からさらに先進国首脳会議（東京サミット、一九七九年）を議長国となって主催するほどの経済大国へと、階段をのぼり詰めていく、その中間点に位置していた。東京五輪から大阪万博、そしてサミットへ、日本は、ホップ、ステップ、ジャンプの三段跳びで、「ジャパン・アズ・ナンバーワン」（エズラ・Ｆ・ヴォーゲル）と褒めそやされる揺るぎない国際的な地位を獲得することになった。

とくに、東京五輪以来の国家的なプロジェクトであった大阪万博は、日本を代表する企業や、錚々《そうそう》たる研究者、建築家、芸術家が参加する国策的なイベントとして際立っていた。

テーマは、「人類の進歩と調和」。それは、エキゾチックな日本の伝統を世界にお披露目しつつ、二一世紀を夢見るような最先端のテクノロジーと自然環境、さらに芸術・文化との融合を高らかに謳い上げていく地球賛歌でもあった。

「こんにちは」からはじまり、「握手をしよう」で終わる、中村八大作曲、島田陽子作詞の万博のテーマソング「世界の国からこんにちは」は、そうした地球賛歌の屈託のない大衆的な浸透を示していた。

しかし、万博を取り巻く世界は、それとは裏腹の過酷な修羅場と化していた。そこには冷戦という対立の氷が張り詰め、一九六八～六九年の東大紛争など若者の叛乱《はんらん》の残響がくすぶり、さらにベトナム戦争の、中国・文化大革命の、中東戦争の混乱とキナ臭い現実が口を広げていたのである。

しかも、高度成長の負の遺産としての公害や資源・エネルギーの枯渇、環境の悪化が暗い影を投じつつあった。そうしたなか、日本だけは一九六四（昭和三九）年に福田赳夫が評した「昭和元禄」の天下太平と奢侈《しゃし》安逸の時代が続いているように見えたのである。「人類の進歩と調和」への夢は、多分にそうした昭和元禄の余韻を反映していたと言える。

だが、そのような太平楽に思える地球賛歌も、一皮むけば、同じ年の七〇年安保闘争が突きつけたように、冷厳な世界の現実と背中合わせであったことは否めない。

にもかかわらず、日本の人口の半数を超えるような夥しい数の人々が、二一世紀の夢の世界を垣間見ようと、大阪府吹田市の千里丘陵の会場に押し寄せたのである。

その膨大な人口を未来の世界へと運ぶ新幹線や高速道路、地下鉄などの交通手段やインフラの大規模な開発は、確かに「万博特需」を生み、大阪を一躍、脚光を浴びる舞台に引き上げることになった。

カジノと「いのち輝く未来社会」

一二月というのに小春日和の、時には汗ばむほどのポカポカ陽気のなか、万博跡地につくられた万博記念公園は、休園日のせいか、人影のまばらな、のどかなテーマパークのような佇まいを見せている。それでも、岡本太郎がデザインした高さ約七〇メートルの「太陽の塔」が、まるで下界を睥睨するように聳え立っている姿には息を呑む。

未来を表す「黄金の顔」、現在を象徴する「太陽の顔」、過去を示す「黒い太陽」の三つの顔をもっているという。半世紀近くを隔てても、決して色あせないモニュメントを見ていると、不思議な感覚に襲われる。

その思いは、万博当時の鉄鋼館を改修し、二〇一〇（平成二二）年に記念館としてオープンした「ＥＸＰＯ'70パビリオン」に残された音楽堂のスペースシアターに近づくにつれて、高まって来るのが分かる。武満徹が演出を手がけたシアターは、まさしく音楽、美術、写真、光、映像、詩、舞台芸術、彫刻などが融合する未来のアートの実験工房をなしていたのである。

その斬新さはいまでも輝き、昨日、つくられたばかりではないかと思えてしまう。未来はもう半世紀前のＥＸＰＯ'70で終わってしまったのかもしれない……。そんな感慨が湧いて来るのだ。

こうした倒錯した感覚を呼び起こすのは、大阪万博には、未来への夢が発散する、無邪気なほどにポジティブなエネルギーが満ち溢れていたからかもしれない。だが、新しい未来に向けて踏み出すべき「人類の進歩と調和」は、振りかえれば、一度も実現されることなく今日に至り、途絶えてしまったのではないか。

実際、宴の後、ほどなくして世界は石油ショックに見舞われ、世界的な民間シンクタンク・ローマクラブが唱えた「成長の限界」、資源の有限性を訴える「宇宙船地球号」の言説が現実味を帯び、大阪を中心とする関西経済圏は凋落《ちょうらく》の一途を辿っていくことになる。大阪万博をテコとする新幹線網の拡充と航空輸送網の拡大、そして石油ショック以後の産業構造の転換は、皮肉にも大阪をパスして東京一極集中を強め、関西経済圏の地盤沈下に歯止めがかからなくなったのだ。

その凋落を食い止めようと、再び浮上したのが、二〇二五年開催を目指す大阪万博だ。しかも構想案は、カジノを併設する統合型リゾート施設（ＩＲ）も万博会場に隣接させる計画だ。ＩＲ用に七〇ヘクタール、万博用に一〇〇ヘクタールを用意する予定地は、大阪駅から約一〇キロに位置する大阪湾岸部の夢洲《ゆめしま》。都市部から排出された廃棄物などで埋め立てた人工島である。

惨敗した二〇〇八年五輪の誘致で、大阪市が「海にオリンピックを浮かべたい」と名乗りを上げた「幻の大阪五輪」の選手村候補地でもあった。この隔離された人工島で開く万博は、来場者三〇〇〇万人、間接的なものを含めた経済効果約六兆円と皮算用をはじいており、そのテーマは、「いのち輝く未来社会のデザイン」といったものになるらしい。

カジノと「いのち輝く未来社会」——。この不釣り合いな取り合わせに、半世紀前の万博を突き動かしていた、屈託のないポジティブなエネルギーは微塵《みじん》も感じられない。そこには、現代の岡本太郎や武満徹の出番はなさそうだ。

もはや時代に勢いはない。未来は閉ざされ、その残骸だけが浮遊する宴になるのではないか……。荒涼とした埋め立て地を眺めていると、そんなうそ寒い思いが募って来るようだった。

第一〇章
差別という病

有用性で選別する視線――一等国への強迫症的願望

差別はなぜなくならないのか。私たちの社会は、個人が自らの意思によって変えられない属性で差別することを禁じ、人間が皆平等であることを自明の理《ことわり》として来たのではないのか。それでも差別はなくならないし、いまでも旺盛な生命力をもったウイルスのように繁殖し続けている。

差別は、実際には社会の成り立ちそのものを照射するという点で、根源的な問題にほかならない。社会的差別の原因は、被差別者の側にあるのではなく、常に差別する側にあるからである。この意味で、差別の諸相に光を当てれば、私たちの社会の秩序と規範、そこを支配する人間へのまなざしや感受性がどんなものなのか、照らし出されて来るに違いない。

「癩」という隠喩

近代日本は、差別をその体内からどう生み出して来たのだろうか。それを知る上で、健康

（身体）と知にかかわる病《やまい》は最も示唆的である。それは、いまでも私たちの差別意識の根深い源泉となっているからだ。とりわけ、ハンセン病と知的障害は、現代にまで続く社会的差別のなかで最も極端で、深刻な差別の類型をつくっている。

病が単なる医学や病理学の対象にとどまらず、何らかの意味を与えるべき対象とみなされる時、病には常に道徳臭い懲罰性が付与される。病は、堕落、頽廃《たいはい》、無秩序、惰弱などと同一視され、病そのものも、「隠喩」となり、形容詞化されて人口に膾炙《かいしゃ》することになるのだ（スーザン・ソンタグ『隠喩としての病い』）。

こうした隠喩となる病のなかでも、かつて「癩病《らいびょう》」と呼ばれたハンセン病は、「顔の崩れ」が同時に「人格の崩壊」を映し出すと決めつけられることで、とりわけ「おぞましいもの」とみなされた。

すでに日本では、近世後期から近代にかけ、「時疫《じえき》」（流行病）は、「腐りたる穢濁《あいだく》の悪気《あっき》」と思い込まれていたが、それは物理的に汚染された空気だけでなく、「道徳的な頽廃や悪徳」（ひろたまさき『差別の視線――近代日本の意識構造』）を意味した。ハンセン病はそうした悪徳の棲まう肉体の、そして人格の廃墟とみなされ、不浄や不潔、貧困と結びつけられることで、まさしく隠喩となり、「醜さ」そのものの形容詞となった。

このイメージが、子どもの心に恐怖となって墨汁のようにべっとりと滴り落ちることになったら、どうなるだろうか。ほかでもない、それは私の身の上に起きたことだ。

「無癩県運動」の一環で強行された「癩患者狩り」と言える本妙寺事件（一九四〇年）やハンセン病「未感染児」通学拒否事件（一九五四〜五五年）など、ハンセン病をめぐる差別が繰り返され、国立療養所のなかでもかつての監禁室が残されている菊池恵楓園《けいふうえん》のある熊本。その場所は、私の育った環境の一部でもあった。だからこそか、私は隠喩としての「癩病」の虜《とりこ》になり、わが家に出入りする「金子さん」を執拗に「忌避」するだけでなく、接触するだけで自らの肉体が崩壊していくのではないかとさえ、恐れたものだ。

明らかに金子さんは、「癩」と民族差別、そして、貧困のなかで呻吟《しんぎん》していたはずだ。

それから、半世紀、私は初めて「厚い壁」のなかの金子さんを訪ねた。子ども心に魔界と思われた菊池恵楓園は、春爛漫《らんまん》のなかで眠ったように静かで穏やかだった。桜がそよ風にあおられてひらひらと舞うなかを、長身の老人が悠然とペダルをこぎながら近づいて来た。忘れもしない金子さん。私の懺悔《ざんげ》を柔和な笑みで受け止めながら、力を込めて語った言葉が忘れられない。「生きんとね。生きて生きて、生き抜くばい。それがわしらのプライドだけんね」。「癩」の苦難の旅路を歩み続けた金子さんは、私の父や母よりも長寿を全うしたのである。

文明開化の残滓

それにしても思う、なぜ「無学」に近かった父や母が、隔意なく金子さんたちと親密な交流を深め、学校社会の秩序や規範のコピーであった「優等生」の私が、身体《からだ》の奥から痺れるような恐怖感を抱き続けたのか、と。そこには、文明、野蛮の二項対立を基軸とする、明治国家以来の文明開化の残滓《ざんし》が反映されていたと言えないだろうか。

道理をわきまえない「半開」「未開」の「愚民」や「土人」、さらには「狂人」。それとつながる貧困や不潔や不徳、そして病。こうした「野蛮」を根絶し、文明国、一等国にふさわしい日本にしなければならない。この、「西欧文明国」のコピーである「優等生」たらんとする明治国家の強迫症的とも言える願望は、「国家にとって有用かどうかで人間を選別する視線」を、最新の医学や公衆衛生の「科学的」な裏付けで支えながら、遍《あまね》く社会に押し広げていく。

この視線は、衛生警察的な強権の発動による「癩者」の囲い込み、隔離へと突き進み、後のハンセン病患者療養施設に対する恐怖のまなざしと忌避、絶対的とも言える差別感情を醸成することになる。しかも、これらに「万世一系の皇統」を頂点とする「血統秩序」が覆いかぶさることで、「癩病」＝「遺伝病」という俗説は、血統の瑕疵《かし》（「悪血《おけつ》」）という妄想に近い偏見を生み出し、患者やその家族を「異類」の境涯へと追いやった。

こうした賤視《せんし》と忌避、囲い込みは、ハンセン病患者に対する「日本型」としか言いようのない「絶対隔離」（藤野豊『ハンセン病と戦後民主主義――なぜ隔離は強化されたのか』）を生み出す。それは強制隔離や強制労働、懲罰さらには断種や堕胎といった、苛酷な「絶対隔離」だった。

すでに一九四〇年代前半には特効薬プロミンの効能が確かめられ、しかも個人の尊厳と人権、自由と民主主義のルールが確立されたはずの戦後になっても、優生保護法（一九四八年）やらい予防法（一九五三年）、「癩刑務所」（菊池医療刑務支所）の開設や「無癩県運動」の継続など、公益の名のもとに、絶対隔離政策は公然と実施されていたのである。

この国家の過ちは、ハンセン病だけに限られているわけではない。それは、ハンセン病以外の領域にまで連鎖し、被害者を苦しめることになった。「ハンセン病、薬害、水俣病……。厚生省官僚の不作為の歴史を追うと、登場人物は幾重にも重なり合い、同じ過ちを繰り返している」（熊本日日新聞社編『検証・ハンセン病史』）という指摘は、いまでも重い。

しかし、患者はただ萎《しお》れ、ひれ伏し、「腐れ」行く日々を待つ哀れな存在であったわけではない。むしろ、そこには光を求め、「人間」であることを叫び続けた苦闘の歴史があった。「癩病」というスティグマ（烙印《らくいん》）を通じて、社会の視線が捉える色が単色化し、一切の個性が剝ぎ取られていくとしたら、一人一人の患者の人間的な味わいは全て揮発していかざるをえない。「癩」の苦闘の旅路を生き抜いた人々は、さまざまなグラデーションがありながらも、それに抗い、自らのかけがえのない人間の印を求め続けたのである。

ずっと訪れてみたいと思っていた東京都東村山市にあるハンセン病の国立療養所、多磨全生《ぜんしょう》園《えん》。園内は、市民の憩う自然公園といった趣だった。それでも、かつて園と外界を隔てていた堀割の発掘調査がいまも続けられ、そこが日本という国家の、社会の、そして近代の奈落であったことを物語っている。そして、差別という病を沈黙のうちに問い続けている。

口開く正気装う社会の暗渠――生き続ける優生思想

二〇一六（平成二八）年七月二六日未明に発生した相模原障害者施設殺傷事件。その顚末《てんまつ》をありきたりの言葉で叙述することは不可能だ。痛ましい犠牲者の多さの点で、相模原事件は突出しており、それが表現力を萎縮させていることは間違いない。しかし、それ以上に事件が表象不可能なように思えてならないのは、それが、単独犯によるものとはいえ、「安楽死」を代行する「虐殺」ではないか、という疑いが晴れないからだ。

断絶と沈黙

障害者は、家族や周囲を不幸にし、社会のお荷物となり、国家を困らせる、だから不幸や負担を減らすために、国が「安楽死」を実施すべきなのに、国はそれを認めないので、自分が代理人となって障害者を抹殺する――。この戦慄《せんりつ》すべきロジックを実際に容疑者が信じていたのかどうか、また犯行の引き金に容疑者の「妄想性障害」が認められるのかどうか、これらのことはまだ確定的ではない。安易な断定は、新たな偏見や差別を助長するだけだ。

それでも、事件を通じて私たちの社会の暗渠《あんきよ》がぽっかりと口を広げているように見えてしまう。そこには、封印して来たかに見える、「良識」という名の権威が孕む「狂気」のようなものが姿を現しているのである。それは、事件後、犯人に同調するようなネット上の書き込みが少なくなかったことからも明らかだ。

「正気」を装う社会が、その暗渠のなかに「狂気じみた」ものを抱え込んでおり、それは普段は沈黙しているが、時と場合によってヌッとその姿を現すことがある。そんな戦慄すべき予感に私は打ちのめされざるをえなかった。

社会の暗渠のなかに封じ込められている「狂気じみた」ものこそ、実は「差別という病」の正体なのではないか。そんな暗い予感にとらわれながら、私は事件の当事者の声に耳を傾ける機会を得た。

小春日和の公園。神奈川県厚木市の西側、細田川中流に位置する若宮公園は、調整池を備えた大きな公園だ。その一角の広場に家族はいた。事件で九死に一生を得た入所者の尾野一矢さん、お父さんの剛志さんとお母さんのチキ子さんが私を待っていたのだ。

待ちわびたのか、あるいはいまでもどこか不安が残るのか、一矢さんは早く帰りたいそぶりを見せる。それを笑顔を浮かべながら引き留める剛志さんと、そんな二人を温かく見守るチキ

第一〇章　差別という病

神奈川県相模原市・津久井やまゆり園

子さん。事件からほぼ半年、三人の間にやっと束の間の憩いの時間がゆっくりと流れているのが分かる。

とはいえ、事件の衝撃は深い。犯人の身勝手な刃は、誰でもがかけがえのない個性をもって生きられる社会にしようとする血の滲《にじ》むような努力の積み重ねを一挙に突き崩すことになった。それは、何よりも入所者の家族会の間に深い断絶と沈黙をもたらすことになったのである。とりわけ、尾野さん夫婦にとって、悲しく、やりきれないのは、無残に殺され、あるいは深い傷を負った被害者の家族が、警察に被害者の名前を公表しないでほしいという申し入れをしていることだ。

事件のあった相模原市千木良の郷《さと》、「津久井やまゆり園」の門に佇みながら、呻《うめ》くように呟くチキ子さんの言葉が忘れられない。

「あんなにみんなで頑張ろうと誓い合って努力してきたのに……。いったいあの言葉はなんだったの?」

眼鏡越しに溢れる涙は、切り裂かれた心の深い傷から流れているように思えてならなかった。

一条の光

障害者の家族をこれほどまで追い詰め、ズタズタに引き裂く目に見えない力とは何なのか。

何に怯《おび》えて、何を憚《はばか》って被害者の名前すら公表できないのか。家族が恐れる得体の知れない、匿名の、それでいて肌身に感じられる力とは何なのか。そこに漂う「狂気じみた」無言の圧力こそ、「良識」という権威をまとって立ち現れて来る暗黙の合意――「障害者は生きている価値はない」ではないのか。

すべての生命は存在するだけで価値があるという考えは当たり前なはずだ。少なくとも、そう思い、そう信じ、それが社会の揺るぎない土台になっていなければ、「生きるに値する生命」と「生きるに値しない生命」の選別がまかり通り、生きるに値しない生命への差別は、その極限において「安楽死」という名の生命の抹殺への扉を開いてしまうことになりかねない。

優生思想は、そうした扉を開き、ナチス・ドイツの「安楽死政策」（T４作戦）で知的障害者や精神障害者、遺伝性疾患者や同性愛者、路上生活者など、夥しい数の「生きるに値しない生命の根絶」を実現したのである。このナチス的な優生思想の影響を受けた日本の国民優生法（一九四〇年）は、「国民ノ体力」の「管理」を謳う国民体力法（同年）とセットになって総力戦のもと、国民のなかの「劣等」な生命の排除と、「優秀」な生命の強化を進めていった。

こうした優生思想は、戦後、姿を消したわけではない。いやむしろ、それは、優生保護法（一九四八年）となり、遺伝性の病者や障害者などへの断種を、任意あるいは強制を通じて合法化するに至った。「不良な子孫の出生」を防止するとともに、「健康な子ども」を産む母性を保護し、それによって「文化国家建設」に貢献する。これが優生保護法の建前であった。

占領改革を経ても、優生思想は根絶されるどころか、形を変えてより強化される面があったことは、アメリカの優生学とナチス的な人種衛生学との間に密接な関係があったこと（シュテファン・キュール『ナチ・コネクション――アメリカの優生学とナチ優生思想』）と無縁ではないかもしれない。

確かに、優生保護法は、幾度もの改正を経て、やがて母体保護法（一九九六年）に変更され、強制断種にかかわる条文が削除、「優生手術」も「不妊手術」に改められた。とはいえ、俗流化された優生思想のしぶとい生命力は断たれることなく生き続けていると言える。

もし、その過去の「亡霊を呼び寄せる黒い感情」（「西日本新聞」二〇一六年七月二八日朝刊）が、殺傷事件の加害者を突き動かしていたとすれば、もう二度と同じような惨劇が起きることはないと断言できるだろうか。

この戦慄すべき懐疑に一条の光を差し込んでくれたのは、やまゆり園の家族会「みどり会」の機関誌『希望』である。そこには、毎号、レクリエーション祭、納涼祭、そして園祭の三大行事に興じる、利用者やその家族、スタッフの笑いがこぼれ、一人一人の生き生きとした表情が写し出されている。希望はすべて絶望に変わり果てたわけではないのだ。

「見えない壁はなくならないかもしれない。しかし、いつかきっと……」。唇を噛《か》むように語る剛志さんの脳裏には、自らの「『希望』発刊の喜び」（二〇〇五年一二月一八日）の言葉が去来していたのではないだろうか。希望はある、誰も希望の記憶を奪うことはできないのだから。

第一一章 消えぬ記憶

強いられる暴力との共存――続く絶対的不平等

「マッチ擦るつかのま海に霧ふかし身捨つるほどの祖国はありや」。劇作家の寺山修司の短歌である。歌には希望に満ちた高度成長のはじまりにもかかわらず、海の霧のように虚無の影が立ち込め、そのなかをあてどもなく彷徨う失郷者の悲哀とも、覚悟ともつかない心情が表白されている。

この歌に初めて出逢《であ》った頃、私は一七歳だった。この身が世に生まれ落ち、育った場所（日本）と、自らが否応《いやおう》なしに背負ったルーツ（韓国）との軋轢《あつれき》のなかで懊悩《おうのう》する日々には、甘美な青春とは無縁の、手漕《こ》ぎボートで霧の立ち込める海に乗り出すような不安と虚《むな》しさがつきまとっていた。

七〇％という集積

あれから半世紀、世界は愛国心と祖国万歳で埋め尽くされ、ナショナリズムのルネサンスを見ているようだ。それでも、問わずにはいられない。日本人であることはそんなに偉いのか？韓国人であることはそんなに偉いのか？　アメリカ人であることはそんなに偉いのか？　と。だがそんな悲哀をまじえた反発心など、デラシネ（根無し草）の繰り言として一蹴されそうだ。

しかし、素朴な愛国心やナショナリズムの心情に決定的に欠落しているものがある。それは、国家が統治のシステムとして現れて来た時に否応なしにまとう暴力へのまなざしだ。どんなに荘厳な花輪で、美辞麗句で飾ろうとも、国家には暴力がつきまとっている。国家とは「正当な物理的暴力行使の独占を（実効的に）要求する人間共同体」（マックス・ウェーバー『職業としての政治』）。この実に味気ない真理を誰が否定できるだろうか。

平和国家を謳う戦後の民主国家といえども、暴力を不可欠の構成要件とせざるをえない。にもかかわらず、それが見えにくいのはなぜか。戦力の不保持を謳う憲法第九条があるからか。確かに、満身創痍《まんしんそうい》とはいえ、平和憲法は命脈を保っており、たとえ世界有数の通常兵力を誇っても、自衛隊はあくまでも自衛隊なのだ。

他方、日本が平和なのは、日米安保があり、駐留米軍によって守られているからだという主張も根強い。とはいえ、同盟国の軍隊であっても、暴力を本質としていることに違いはない。それでも、その暴力が示現する場面を目にする機会がほとんどないように思える。それは世界最強の軍隊という暴力を、沖縄に集積、隔離しているからだ。

平和を支えている暴力を市民生活の日常から消し去る、あたかも廃棄物処理場や原発といった「迷惑施設」を多数の目の届かない所に集積、隔離するように。日本の国土の〇・六％に過ぎない沖縄に日本全体にある米軍専用施設面積の七〇・六％が集中していることからも明らかだ。

この絶対的とも言える不平等はなぜ維持され続けて来たのか、なぜ本土復帰以降も、それ以前にも増して隔離された暴力との共存を強いられて来たのか。沖縄戦の暴力の記憶、戦後の米軍政下の、そして本土復帰以後の米軍関係者による暴力の記憶――。沖縄から暴力の記憶が消えてなくなる日は永遠に来ないのか？

この鋭い、シンプルな問いに、問われている側――仮に「本土」「ヤマト」と呼ぶとして――は応答して来ただろうか。

世界一危険な基地、普天間飛行場の名護市辺野古移設に沖縄県が徹底抗戦の構えで反対するのも、二〇一四（平成二六）年の名護市長選、県知事選、衆院選で基地移設に反対する民意が保革を超えて明らかになっているからだ。「移設」という名の「新設」としか言いようのない県内たらい回しに、県民はもう耐えられなくなっているのである。未来永劫《みらいえいごう》、沖縄は「本土」の平和のために、隔離された暴力と共存することを強いられ続けるのか……。

焼け太り

海上の本体工事がはじまった辺野古沖（キャンプ・シュワブ沿岸）。一六〇ヘクタールを埋め立てて賄う総面積二〇五ヘクタール、V字形滑走路を備えた巨大な基地には、揚陸艦や大型タンカーも着岸可能な護岸や弾薬搭載エリアが敷設され、東村高江周辺にはヘリパッドも整備される予定になっている。何のことはない、移設というより、焼け太りによる新設、増設と言っても言い過ぎではない。

辺野古の浜辺には何度か足を運んだことがあったが、海から近づくのは初めての経験だ。二〇一七（平成二九）年一月半ば過ぎ、大浦湾一帯は、キャンプ・シュワブ前のゲートや通りの物々しい喧噪《けんそう》と違い、まるで手付かずの自然が、大あくびをしながら安らかな眠りから覚めたような、悠久の時間が流れていた。亜熱帯の山から湾につながる河口にはマングローブが群生し、その間を魚類や甲殻類が忙しく動き回り、浅瀬には海草藻場が広がり、絶滅が危惧されるジュゴンのエサ場になっている。

隔離された暴力の集積所と、自然が残してくれた最後の恵みとも言えるのどかな光景。絶対的矛盾という言葉が頭をよぎり、しばし私は破壊するだけの暴力の世界と、「ヌチドゥタカラ」（命こそ宝）を育む豊饒の世界との割れ目のなかに乗り出していくような錯覚に襲われた。けたたましいエンジン音と立ち退きを迫る拡声器の声にわれにかえってみると、小舟は、海上の立ち入り禁止区域に接近しつつあった。それ以上は近づけない。心残りがないわけではないが、再び、ヌチドゥタカラの世界に立ち戻るかと思うと、ホッとしないわけでもない。小舟

沖縄県名護市・辺野古沖

からマリンブルーの海水を掬《すく》い上げると、手のひらからこぼれ落ちる水は、どこまでも優しかった。

私の感傷をあざ笑うように、きっと軍事専門家たちは言うに違いない。〇・六%に七〇・六%が集中するのは、沖縄が地政学的にも、軍事戦略的にも要衝の位置にあり、核やミサイル開発を続ける北朝鮮や、海上進出著しい中国の脅威に対する抑止の地理的優位にあるからだと。

だが、戦後、米軍の海兵隊が「本土」に駐留していたにもかかわらず、朝鮮戦争以後、「本土」の反基地感情の高まりを沈静化するために沖縄に移駐された経緯を知るならば、暴力の沖縄への集積、隔離は軍事戦略や抑止力の観点ではなく、別の理由から強行されたと思わざるをえない。それは沖縄が日本であって、日本でない、からではないのか。

「癒しの島」沖縄。琉球弧のヤポネシア。「本土」にはないおおらかな民情。沖縄は決して閉ざされた場所ではない。「本土」からもひっきりなしに観光客が訪れる人気のスポットだ。ただ、隔離された暴力の実態に目が向けられることはほとんどない。善良な観光客は無関心なだけなのか。いや、沖縄が隔離された暴力の場所であることを知らないわけではないはずだ。

その一方で、基地に反対する「ウチナーンチュ」（沖縄人）に対して、「非国民」「日本から出て行け」と罵声が浴びせられる現実をどう見たらいいのか。それは、かつて『沖縄ノート』で作家の大江健三郎が鋭くえぐり出した「とりかえひきかえ新しい欺瞞《ぎまん》の衣装をまとっては、歴史の転換点に公然とあらわれるところの、『中華思想』的感覚」の発露なのか。ならば、その感覚が消えない限り、隔離された巨大な暴力は永久に沖縄に集中され続けるのか。

そうではなく、「核基地沖縄のしっぽに、日本列島が縛りつけられている状態」（同前）をあらためて、日本を沖縄に属せしめ、アジアに属させる道を切り拓く――。それは、無邪気な「痴人の夢」なのだろうか。

非戦に通じる非軍の確信――「集団死」という地獄

日米双方で計二〇万人以上が死亡した沖縄戦のイメージから連想するもの、それは戦争の腸《はらわた》だ。臓腑が飛び出、生き血が迸り、やがてそこにハエがたかり、ブヨブヨになってガスを発生させながら、あたり一面に腐臭を漂わせる。私には沖縄戦からはこんな凄惨《せいさん》なイメージしか思いつかない。

激しい艦砲射撃と空爆に続いて一九四五（昭和二〇）年三月二六日の慶良間諸島への米軍上陸からはじまった沖縄戦は、逃げ場のない、四方を海に囲まれた島々で住民が、老若男女、根こそぎ戦争に駆り出され、その四人に一人が亡くなったとされる。県民の犠牲者のうち一般人が軍人・軍属の三倍以上に達する、阿鼻叫喚《あびきょうかん》の「軍民混在」の殲滅《せんめつ》戦だった。

そこでは米軍の無差別攻撃、自国軍隊による避難所のガマ（洞窟）からの追放、投降阻止、スパイ嫌疑による処刑、さらに肉親同士の殺し合いや幼児の絞殺といった「集団死」の強要など、敵と味方の戦いにとどまらない、「共食い」のような殺戮《さつりく》が繰り広げられたのだ。

魂に突き刺さる棘

「集団死」が、民間人の健気な「玉砕」などという、たちの悪い思い込みとは無縁の、この世の地獄であることは明らかだ。それは、とどのつまり、力の強い者が弱い者を殺した上で最後に自ら命を絶つこと――「父は子や老いた両親を、夫は妻を、母は子を、というように殺す」（石川文洋『フォト・ストーリー　沖縄の70年』）ことを意味しているのである。

こうした戦争の、暴力の記憶を刻みつけた生存者（サバイバー）は、戦争が終わった後、まともな神経でいられるだろうか。人間の魂に突き刺さった棘《とげ》のようなものが、過去、現在、未来と続く時間の連続をバラバラに解体させ、現在が過去の一点で静止したまま、打ち消したい記憶が、自分が生きていることの唯一のよりどころになっている、そうした倒錯を生きることにならないだろうか。

そうした倒錯が強いるかもしれない人間性の破壊を、大江健三郎は『沖縄ノート』のなかで、本島北部の本部町の波止場で突然、罵声を浴びせる「双生児のような肥満して童女めいた」

「狂女たちの拒絶」にダブらせて語っている。この稀有《けう》な作家の体験は、一九七二（昭和四七）年の「沖縄返還」のわずか二年余り前でも、暴力の記憶がつくり出したに違いない「狂気」と出会うことは、沖縄では決してまれなことではなかったことを意味している。

そうした出会いがまれではなかった時代から半世紀、それでは戦争の、暴力の記憶は、沖縄でも風化し、「本土」のように殺菌を施されて、戦争そのものが抽象化された観念となり下がりつつあるのだろうか。

沖縄を守備する第三二軍の司令部壕《ごう》があった、本島南端に位置する糸満市の旧摩文仁《まぶに》村米須《こめす》集落。季節は二月初旬。沖縄にしては、気温は低い。ひんやりとした風に頬を撫《な》でられながら、眠ったように静かな集落の一角で見つけ出したのは、一家全滅した家族を祭った慰霊塔だった。米須は沖縄戦で、住民の六割近くに及ぶ七三五人が戦死し、全世帯の一割以上が一家全滅になったという。全滅のなかには、きっと「集団死」なども含まれていたに違いない。

集落では時おり、石垣で囲われ、灰色のコンクリートで固められたような土地の上にポツリと、どこか死の気配を漂わせる窓もない家屋に出くわすことがあった。そのなかには位牌《いはい》と香炉だけが置かれているのだ。こんな光景が、一見するとのどかな村のなかにいまでも残っている場所が、いったい「本土」のどこにあるというのだろうか。一家全滅の屋敷跡の凍えるような沈黙。それは戦争の腸が飛び出したような、沖縄戦のむごたらしさ、凄まじさを静かに語りかけているようだった。

極限の不信感

逃げ惑う住民や敗残兵が追い詰められ、ひめゆり学徒たちが自爆した糸満市の荒崎海岸から、旧具志頭《ぐしかみ》村、旧玉城《たまぐすく》村、旧知念村に及ぶ本島南部には、数々のガマや「魂魄《こんぱく》の塔」をはじめとする県民の慰霊碑など、たくさんのモニュメントが点在している。そのひとつひとつが、「軍民一体化」を讃《たた》える当時の「玉砕」報道の虚しさを告発しているようだ。

それにしても、なぜ、「琉球処分」という屈辱的な名目のもとに、「本土」＝日本帝国に併呑《へいどん》された独立国家「琉球王国」のウチナーンチュ（沖縄人）のなかに、「軍民共生共死」の思想が短期間のうちに根付いたのか。沖縄は、狂信的な国体思想や「聖戦」意識とは最もかけ離れた、その意味で軍と住民との距離が最も遠い場所ではなかったのか。

しかし、まさしくこの遠さが、逆に悲劇を生み出すプロモーターになったと言える。何よりも、「本土」の軍中央からは、沖縄は民度が低く、固陋《ころう》であり、その習俗や生活様式が他府県とは異なるというイメージが、ことさらフレームアップ（捏造《ねつぞう》）されていた。したがって、沖縄人は「忠実勇武ニシテ国ヲ愛シ公ニ殉《したが》ヒ」（大日本帝国憲法・憲法発布勅語）という忠誠心に欠ける、いわば「半人前の日本人」とみなされたのだ。

このような差別的な沖縄観は、「一木一草といえどもこれを戦力化すべし」（牛島満第三二軍司令官）という絶望的な状況下での持久戦のなかで、根こそぎ動員した住民を、同時に敵側に寝返りかねない危険分子とみなす不信感を増幅させることになった。

一九四五年四月一日の米軍の本島上陸後、不信感は極限に達し、第三二軍司令部は「軍人軍属を問わず標準語以外の使用を禁ず。沖縄語を以て談話しある者は間諜《かんちょう》とみなし処分す」という指令を出すに至る。

と同時に、そうした差別のまなざしを意識すればするほど、沖縄のなかに忠良なる「ニッポン人」を目指す内側からの欲動が頭をもたげ、国民精神総動員運動や在郷軍人や教師、役場職員など翼賛運動の媒介的リーダーを通じて地域の底辺へと伝達されていったのではないだろうか。

こうした相互不信の芽を宿した「軍民混在」の地上戦は、凄まじい無差別攻撃にさらされる、「本土」防衛の「捨て石」、あるいは「時間稼ぎ」の消耗戦になり、戦争の腸がごっそり飛び出して来るような阿鼻叫喚となったのである。

慶良間諸島の渡嘉敷や座間味、慶留間では、日本軍がいたがゆえに「集団死」が発生している。逆に日本軍がいなかった前島では、「集団死」を免れているのである。軍がいるところほど、住民の犠牲者が増え、そうでないところほど、犠牲者の数が少ないという、「非戦」に通じる「非軍」の思想こそ、沖縄戦がもたらした最大の教訓ではないか。

それは、暴力の記憶とともに、沖縄に生きる人々の、決して根絶することのできない確信となっているのである。その確信に、「本土」に生きるヤマトンチュはどう応えることができるのだろうか。

非戦と非軍に関する限り、オキナワ（沖縄）がヤマト（本土）に属するのではなく、ヤマトがオキナワに属しているのである。

第二章
財閥というキメラ

近代化で隆起した血の紐帯

「財閥」と聞いてどんなイメージを抱くだろうか。肯定と否定とを問わず、聳え立つ巨人のような姿が浮かんで来るに違いない。あるいは堅牢《けんろう》な不沈空母の偉容か。

こうした鮮烈なイメージの先行にもかかわらず、財閥という言葉は、経営史や経済史の学術用語として定着して来たわけではない。むしろ、それは、大富豪や大金持ち、あるいは政商といったジャーナリズムや世論を賑わす言葉の類いとみなされて来た。財閥とその歴史には、虚実ないまぜになったさまざまなイメージが累積され、独り歩きして来た面があることは否めない。

ただし、そのイメージは、静的に固定したまま、ずっと変わっていないわけではない。逆に財閥のイメージは日本の近代の歴史とともに絶えず変容しているのである。それは、変化する環境に適応すべく、財閥が自らの姿を変えながら延命、存続して来た歴史と対応している。

財閥は、あたかも流動体のようにそれを制約する歴史の枠組みに合わせて変化しながら、しかしずっと変わらない同族支配の統治原理によって支えられて来た。三井、三菱、住友といった、家族や同族による「イエ」の閉鎖的な所有・支配に基づきながら、多角的な事業の分野で寡占的な地位を占める系列会社を統括し、それぞれの分野で多様な専門的な管理職や人材を擁する巨大なコンツェルン。これが、財閥の大まかな輪郭である。そこからは、何やら異種が合体したギリシャ神話のキメラのような仮想の生き物が出現して来そうだ。

ライオンの頭と山羊の胴体、毒蛇の尻尾をもつ強靭な怪物、キメラは、生物学の世界では、同一個体内に異なった遺伝子情報をもつ細胞が混在することを指す学術用語としてよく知られている。明治の初頭から複式簿記のような近代的な会計制度を導入しながらも、三菱創業の岩崎彌太郎《やたろう》と、その弟で二代目の岩崎彌之助《やのすけ》の二家系からなる「イエ」支配に貫かれた三菱は、まさしく異なった遺伝子情報をもつ細胞の巨大な合体と言えなくはない。

明治以来の日本の近代化が、前近代的なものが近代的なものに取って代わられ、前者の否定の上に後者が順調に発展していったというより、むしろ近代化を推し進めれば進めるほど、血縁や地縁、前近代的な紐帯がより隆起し、それがさらに富国強兵や殖産興業の推進力になっていく、極めて複雑なプロセスを辿ったとすれば、キメラのような財閥の歴史は、日本の近代化そのもの、ミニチュアと言えるかもしれない。

こんなことを思い浮かべながら訪れたのは、三井や住友に較べれば、後発の新興勢力でありながら、私のなかでは「ザ・財閥」のイメージが強い三菱の史料館である。

史料館を付設する三菱経済研究所は、東京・文京区の不忍《しのばず》通りから、文豪・森鷗外《おうがい》の名作

『雁』の舞台となった無縁坂を上った閑静な住宅街に佇む。そこは三菱財閥のゆかりの地、旧岩崎家茅町本邸に隣接する創業者、岩崎彌太郎の孫、彦彌太《ひこやた》の邸宅跡である。生い立ちから現在まで、明治以来の日本の近代史とほぼ重なり合う三菱の歴史について、解説員による熱のこもったレクチャーを聴講した後、史料館の展示室に入ろうとすると、入り口に彌太郎の座像が目についた。

三菱と言えば岩崎、岩崎と言えば彌太郎、である。三井や住友が古くからののれんで知られた豪商であるとすると、岩崎家は財閥では新参者だ。そのニューカマーが、どうして「ザ・財閥」と言えるような財閥中の財閥にのし上がったのか。それは彌太郎なしには語りえない。一言で言えば、彌太郎の優れた「政商」的な才覚と辣腕に基づくところが大きい。

確かに、「政商」にはどこかダーティーなイメージがつきまとう。政商は、マックス・ウェーバーの言葉を使えば、政治あるいは戦争寄生的な資本主義のタイプに介在するブローカーということになる。

実際、三菱・岩崎が頭角を現すようになったのは、明治政府の台湾出兵（一八七四年）や西南の役（一八七七年）といった戦がらみの軍事輸送で名をはせ、海運事業で成功を収めたからである。もっとも、明治国家の大きな分岐点となり、それ以後、集権的な国権主義へと大きく右旋回していくことになる明治一四年の政変（一八八一年）で、後ろ盾だった大隈重信が失脚すると、三菱もピンチに陥り、海運からの撤退を余儀なくされる。

しかし、三菱にとって逆境はチャンスとなった。三菱は、海運や流通から鉱工業や造船といった重工業へウイングを広げ、事業多角化への足がかりを着実に築いていくことになるのである。

それ以後、彌之助を中心に三菱社が創設され（一八八六年）、三菱は「『海から陸へ』の戦略転換」を成し遂げ、生産・流通・金融・不動産と、「三菱帝国」の中核をなす重工・銀行・商事の土台が形づくられることになる。また一八九〇（明治二三）年には「三菱ムラ」とも言うべき、東京駅周辺の広大なビジネス街へと発展する丸の内・三崎町官有地の払い下げで名を上げ、さらに日清、日露の戦争で押しも押されもしない財閥の代表格となるのである。

そんな三菱・岩崎一族を金力の象徴とみなした文豪・夏目漱石は、ことあるごとに岩崎一族を腐している。漱石の日記や断片では「岩崎は別荘を立て連ねる事に於て天下の学者を圧倒してゐるかも知らんが社会、人生、の問題ニ関しては小児の様なものである」（「断片35Ｅ」）と実に辛辣だ。また、名作『草枕』では、主人公の画工が「（自然は）いざとなると容赦も未練もない代りには、人に因つて取り扱をかへる様な軽薄な態度はすこしも見せない。岩崎や三井を眼中に置かぬものは、いくらでも居る」と——。

迫られる国富万能の転換

夏目漱石が見ていた三菱・岩崎一族は、三代目の久彌《ひさや》から四代目の小彌太へと移り変わる、まさしく三菱が巨大コンツェルンへと脱皮していく時期に当たっている。ただ、あえて言えば、岩崎一族は、ただの政商であったわけではない。明治一四年の政変の教訓からか、政治とは付かず離れず、総力戦の戦時期でも三井や安田と違って三菱の息のかかった者を入閣させることはなかった。

また太平洋戦争開戦二日後にもかかわらず、三菱幹部に対する訓話のなかで、小彌太が敵国米英を「我らの友人」と呼んだことは、いまでも語り草になっているほどだ。

野蛮界

しかし、漱石の『草枕』の辛辣な揶揄《やゆ》を、違った視点から見るならば、財閥の影の部分、というより、より広くそれを包み込むような近代日本の影がくっきりと浮かんで来る。なぜなら、三菱の「海から陸へ」の戦略転換の決定打となった鉱山業は、まさしく漱石が『草枕』で述べているような、無差別に万人に平等なはずの自然に、不平等を、格差を持ち込むことになったからである。

これは、三菱だけではない。三井の三池炭鉱、住友の別子銅山と、鉱山業は、輝かしい財閥近代化の旋回点になると同時に、より強い影の部分をつくり出すことになるのである。漱石は、小説『坑夫』のなかで、働く者のなかで、坑夫ほど下賤で差別された者はいないと語っているが、それは、岩崎彌太郎が、後藤象二郎から明治一四年の政変の年に譲り受けた高島炭坑に表れる。

宮崎滔天《とうてん》と交わり、後に広東の時敏学堂の教師となる松岡好一が、一八八五（明治一八）年に現地に入って記したルポルタージュ「高島炭礦の惨状」は、高島炭坑暴動の原因に「牛馬の如く使役し餓鬼の如く苛責《かしやく》する」劣悪な環境があることを指摘し、「未だ嘗《か》つて高島炭礦社員の如き無情の人類と坑夫の如き不幸の人類を見ざるなり」（『日本近代思想大系22　差別の諸相』）と慷慨《こうがい》している。

高島炭坑という三菱の「独立の領地」は、「日本帝国の版図内」でありながら、「日本国の法律の及ばざる」、いわば国内のなかの「植民地」と同じような「野蛮界」をなしていたのである。それは、三菱の輝かしい歴史にさす影にとどまらず、三井にも、住友にも、また足尾鉱毒事件を起こした古河のような新興財閥にも、共通した暗部に違いない。

同時に、その暗部は、財閥だけでなく、日本の近代国家が抱えた暗部でもある。それは、自然の宝庫を開発＝搾取し、生産力を高め、殖産興業を推進し、国力を増大させることがすべてのものに優先する価値観に支えられている。「国家的需給事業を対象にする大きな仕事をやれ」という三菱の社訓は、三菱が「政治不関与」の原則を貫きながらも、一貫して国とともに歩んで来た財閥であることを物語っている。

政治に関与せず、を社訓にしながら、国民的ブランドを担っているという矜持《きょうじ》は、同時に国策を国が誤ったとき、それは地に墜ちて屈辱に変わってしまわざるをえない。終戦の年の一九四五（昭和二〇）年一〇月、財閥の自発的解体に反対した四代目小彌太の弁は、国とともに歩んで来た「ザ・財閥」の無念を表して余りある。その意味で、敗戦は三菱に根本的な転換を迫る出来事だった。

脱国家化

財閥解体により、もはや財閥はなくなった。しかし、企業集団（グループ）として三菱の商号を冠した企業グループはいまも健在である。その中核のひとつである三菱系企業の重鎮のオフィスを訪ねた。丸の内の「三菱ムラ」の一等地に、まるで東京駅を睥睨するように聳えるビルの一角にあるオフィスは、都会の喧噪を忘れるほどの静けさと瀟洒な佇まいを誇っているようだった。

三菱の歴史について語る時、光はあっても影はないと断言する彼の眼光は鋭く、普段の温厚な笑顔が失せてしまうほど、厳しい表情になった。そこには三菱のブランドへの並々ならぬ愛着と自負が溢れていた。ただ、三菱の未来となると、それはこれまでのように国とともに歩む企業集団ではもはや立ちゆかないという、不安とも危惧ともつかない曇りが垣間見えたように思えた。そこには国家の境域を超えて広がるグローバル化に対して、脱国家化を図らなければならないリーディング・カンパニーの躊躇《ためら》いのようなものが漂っていた。

グループ二九社のトップでつくる三菱金曜会は二〇〇一（平成一三）年、小彌太が残した①所期奉公②処事光明③立業貿易――という企業理念（三綱領）に、現代的な解釈を加え、「三菱グループのあり方」を定めた。「事業を通じ、物心共に豊かな社会の実現に努力すると同時に、かけがえのない地球環境の維持にも貢献する」「公明正大で品格のある行動を旨とし、活動の公開性、透明性を堅持する」「全世界的、宇宙的視野に立脚した事業展開を図る」の三つは、二一世紀に生き残るための道しるべという位置づけだ。

財閥解体以後の、企業集団としての三菱もいま、曲がり角に立たされているのかもしれない。しかし同時に、三菱の未来は、財閥を出自とする企業グループの未来に直結するはずである。それはまた、国富万能の生産力至上主義的な価値観の転換を迫っているはずであり、それはとりもなおさず、財閥の影の部分とどう向き合うべきなのか、その歴史を省みる力と結びついている。

二〇一八年は明治維新から一五〇年。二〇一九年には元号も変わる予定である。巷《ちまた》には政府の肝いりもあり、自己賛美で明治以後の一五〇年を「上書き」する勢いが増しそうだ。財閥も、国家も、「明治翼賛」だけで終わるとすれば、おそらくは古ぼけたものの二番煎じにならないとも限らない。

日露戦争からほどなくして発表された漱石の名作『野分』に登場する主人公の決然とした宣言は、財閥の、そして日本の近代を考えるとき、いまも示唆に富んでいる。

「吾人が今日生きて居る時代は少壮の時代である。過去を顧みる程に老い込んだ時代ではない。政治に伊藤侯や山県侯を顧みる時代ではない。実業に渋沢男や岩崎男を顧みる時代ではない」

第一三章 「在日」——変わりゆく国家のしずく

零れ落ちた「国家のしずく」

「ふれあい館」に託された思い

ＪＲ川崎駅からバスで一五分ほど、車窓から見える「川崎コリアタウン」の一角は、寝静まったように深閑とし、しかしどこか懐かしい。大規模開発が進み、スマートで煌びやかなショッピングモールや複合施設が犇めく川崎駅周辺と較べれば、まるで数十年昔の世界にタイムスリップしたようなレトロな感覚が甦る。

川崎区大島、桜本、浜町、池上町の一帯は、かつて浅野財閥が築いた川崎臨海部のコンビナートの労働力の一大集積地であり、朝鮮半島から貧しさに追われるように移住した人々も住み着くようになった地域だ。川崎コリアタウンは、そうした来歴をもつ。

こぢんまりとした桜本商店街の通りを歩くと、人通りも少なく、過疎化の波に洗われる地方の小さな商店街と同じような光景が続いている。それでも、所々に新大久保や荒川区の三河島などに見られる韓国系のショップが彩りを添え、生活の息づかいが聞こえて来そうだ。

歩きながら、気づいたのは、子どもや老人向けの福祉系のＮＰＯ法人の看板が多いことだ。青地のシャッターに「ほっとカフェ」の文字が躍る、小さなショップの入り口の上には「このまちだいすき」の看板が掲げられ、「青丘社　おおひん地区まちなかほっとライン」の文字が楽しそうに並んでいる。

「朝鮮半島」の雅名とも言うべき「青丘」は、この町にこそふさわしいし、「青丘社」は、私が訪れようとしている「川崎市ふれあい館」の事実上の産みの親とも言える社会福祉法人「青丘社」を指している。

一階にキッズスペースや遊戯室・学習室などを備え、二階にはホールや文化交流室、資料室・図書館をもつ「ふれあい館」は、気さくに人が出入りできる建物で、あちこちから子どもたちの笑い声や物音が絶えない。私を出迎えてくれたのは、旧知の裵重度《ペエチュンド》さんとその片腕となって「ふれあい館」を切り盛りして来た三浦知人さんだ。

「ふれあい館」というより、川崎コリアタウンの「生き字引き」であり、二〇年にわたって館長を務めて来た裵さんは、いまは後進の育成に情熱を注いでいるようだ。終戦（解放）の前年に東京で生まれた裵さんは、典型的な「在日二世」にあたる。民族差別に反対する運動の先頭に立ち、差別撤廃に身を挺《てい》して来た裵さんだが、語り口は静かで柔らかい。そのモットーは、「だれもが力いっぱい生きる」であり、それはいまも、「ふれあい館」の基本的な理念になっている。裵さんは言う。

「われわれは、ただ主張するだけではなく、信頼を勝ちえなければならない」

それが、裵さんを通じて、私がふれあい館の歴史から汲み取った、最大の教訓であった。

膨大な新聞の切り抜き集や市民運動のミニコミ誌、教育実践報告書や行政関係の資料、さらに「在日」や朝鮮半島関連の書籍でぎっしりと埋め尽くされた資料室のなかで淡々と過去を振りかえりつつ、いまを語る裵さんの顔には、達成感とともに、そのなかで培われて来た国籍や民族を超えてともに地域で生きていこうとする願いを踏みにじる「ヘイトスピーチ」に対する強い憤りの念が表れていた。コリアタウンを襲ったヘイトスピーチのデモは、コリアタウンで生きる日本人、「在日」、さらにそれら以外の国籍や民族の住民にとって、降って湧いたような厄災だったに違いない。

日本の経済大国化と国際化が叫ばれ、一九八〇年代半ばのプラザ合意以降、ドル高是正と円高を通じてバブル経済へと突き進むなか、日本はアメリカを凌《しの》ぐほどの超経済大国に上り詰めようとしていた。しかし、バブル崩壊以降、低成長とデフレ経済が慢性化し、格差と地域の衰退に悩まされ、国民の多くが中流からの脱落への不安の影にさらされている現在の日本には、八〇年代とは打って変わって、「在日」の「韓国・朝鮮性」をあぶり出し、それを軋《きし》みや葛藤、対立が著しい韓国や北朝鮮と結びつけようとする動きが顕在化している。

八〇年代の半ば、居住する埼玉県で、「在日韓国・朝鮮人」に強要されていた指紋押捺《おうなつ》拒否の「第一号」になってしまった私のなかに揺らめいていたのは、地域への、社会への、そして国への「共生」のラブコールだった。「ともに生きたい」、だから地域に生きる仲間として遇して欲しい。その思いだった。

ほぼ八〇年代半ばにはじまる「ふれあい館」の歴史に託された思いは、そうした私の思いと同じだったはずだ。そして川崎のコリアタウンでは、自治体と住民、「在日韓国・朝鮮人」さらにそれ以外の国籍や民族の「外国人」が、ともに生きる場が形成されて来たのだ。そこに至るプロセスには、涙ぐましいほどの多くの名もなき人々の尽力があったに違いない。

しかし、いま、それが「逆コース」としか言いようのないバックラッシュにさらされ、立ち竦《すく》んでいる。

でもそれにもかかわらず、裵さんの言葉には、仄かな希望の曙光《しょこう》のようなものが揺らめいていた。ヘイトスピーチに対抗する人々の動きも大きな輪となり、その解消に向けたカウンター・ムーブメントが湧き起こったからである。

こうした順逆のなかにある「在日」の姿は、ある意味で日本の戦後民主主義のいまある姿とダブっているのかもしれない――別れ際に裵さんが呟くように言った言葉が耳朶に残った。「在日」は、小さな「国家のしずく」であるにしても、そこには日本という国家のありのままの姿が映し出されているのである。戦後七〇年余りの日本という国家、そして明治一五〇年の日本という国家。その裸の姿が、「在日」というしずくに映し出されている。

「在日」とは何か

「在日」とは何か、「在日」とは誰を指すのか、「在日」を生きるとは何を意味するのか？「人生七十、古来稀なり」と言われる齢に近づきつつあるいま、私は再び、これらの問いの前に立たされていると思うようになった。それは、「解放」後七十余年、「在日」の世代交代が進み、「在日」とは何であるのか、その根本的な意味が問われているからである。

それでは、「在日」とは何か？　何が「在日」であることを示す表徴なのか？　すぐに頭をよぎるのは、肌身離さず持ち歩いている外国人登録証明書のことだ。ラミネート加工された、運転免許証と同じサイズに小さくなった登録証明書。それは、形やサイズ、ボリュームは変わったとはいえ、黒いインクでの指紋採取からはじまった最初の登録以来、私にとって必携のアイテムである。

その左面には、私の韓国名や生年月日、性別、居住地、世帯主の有無などが記され、右の面には登録番号、国籍、本籍地、旅券番号、在留資格（特別永住）などが無機的に記されている。不思議なのは、上陸許可（landing）と在留期限（period of stay）の年月日が、アスタリスクで埋められ、事実上、消されていることだ。

九州は熊本で生まれた私は、上陸許可とは無縁であるし、また「特別」という、何か特権を享受しているようなニュアンスを与えかねない呼称であるにしても、「永住者」である以上、在留期限に明示的な期間が指定されないのは、当然のことである。

もし、私のような者を、典型的な「在日韓国・朝鮮人」と呼ぶならば、外国人登録証明書の上陸許可と在留期限は、みな同じようにアスタリスクで埋められているはずである。俗に私は、「在日二世」と呼ばれ、私もそう自称していた時があった。

さらに私の父と母のように、すでに戦前から日本に居留していた「在日韓国・朝鮮人一世」も、国籍を韓国にして以来、彼らの登録証明書からは、私と同じように上陸許可も、在留期限も事実上、消されていたはずである。

言うまでもなく、外国人登録証明書は、国家による外国人管理のひとつのエビデンスである。そこには、無機的な記述とはいえ、一九九〇年代半ば近くまで、日本に居住する外国人の過半数を占めていた「在日韓国・朝鮮人」が、日本という国家とどういう関係にあるのか、その過去と現在、さらに未来にわたる必要最小限度の情報が記されている。

「在日」とは、狭い意味ではそうした戦前から日本に居住する、朝鮮半島出身の旧「植民地臣民」とその子孫を指しているのである。日本の戦後の占領期には二〇〇万人近くの「在日韓国・朝鮮人」が居住していた。にもかかわらず、やがて日本が主権を回復し、高度成長のとば口に立つ頃には「在日」は六〇万人近くに収縮していた。「在日」の急速な人口減少は、主に彼らの本籍地である、朝鮮半島の三八度線の南側の国、韓国への帰還によってもたらされたが、その間、日本国の都合で一方的に「帝国臣民」の片割れから「外国人」に突き落とされ、出入国管理令の管理対象になった「在日」にとって、そのような戦後の国家的な施策は、海峡を挟んで突如として目に見えない国境の巨大な壁を築かれたに等しかったはずだ。その結果、妻子や親族、親戚や友人たちが、そうした壁によって引き裂かれる悲劇が生まれ、やがて南北分断と破滅的な内戦が、それに拍車をかけることになった。

しかも、「在日」は、同族相残の悲劇がもたらした「特需（朝鮮特需）」によってかろうじて息を吹き返し、さらに一九五〇年代末以降からはじまった北朝鮮への「エクソダス」（帰還運動）によって、七万人とも一〇万人とも推定される「在日韓国・朝鮮人」（とその「日本人妻」など）が海峡を越えて移動することになったのである。こうした戦後、そして解放後の混乱期や内戦、日本の戦後復興期を通じて「在日」は、越境的な移動を繰り返し、いわば伸び縮みするゴムのように、定まった形をもたない、不安定で流動的な存在だったと言える。

しかし、いまでは、私のような「特別永住者」の数そのものが減少していて、国籍の面だけから見れば、その存在は着実に消滅しつつあるように見える。日本国籍者との婚姻数が、同じ国籍者とのそれをはるかに上回り、また一九八〇年代半ばの父母両系血統主義の国籍法の採用以来、日本国籍者の数が増えているからだ。

しかも、二〇〇〇年代になり、在日外国人居住者の数では、中国国籍者が「在日韓国・朝鮮人」を上回るとともに、在日外国人の国籍も多様化し、「在日韓国・朝鮮人」が事実上、「在日」を僭称《せんしょう》していた時代が確実に終わったと言える。

二〇一六（平成二八）年の出入国管理及び難民認定法の改正以降、在留資格は二八種類にのぼっており、二〇一六年時点の在留資格をもつ外国人、約二四〇万人のうち、人口規模からすれば、「在日韓国・朝鮮人」は、四分の一にも満たない存在となっている。

可能性としての「在日」

このように国家を中心に「在日」を「外国人」という範疇《はんちゅう》で眺めれば、その存在は、限りなく極小化しつつあり、したがって「同化」の一途を辿っているように見える。この限りで「在日」は、少数の異民族問題として処理されるべき「歴史の遺児」にしか見えないはずだ。

しかし、かつて欧州で「同化ユダヤ人」が社会の隅々に「着床」し、「ユダヤ性」が稀釈されて、ユダヤ人と非ユダヤ人との垣根がほとんど意識されなくなった、まさしくその時から、逆説的にも反ユダヤ主義が鎌首をもたげて来たように（ハナ・アーレント『全体主義の起原』）、「特別永住」の資格をもつ「在日」は同化の深まり、拡大とともに、「外国人」のなかの「特権グループ」として糾弾の対象に浮上するようになった。

「ヘイトスピーチ」を交えた弾劾は、確かに一部の特異な草の根の排外主義の表れかもしれない。だが、「コリア・フォビア」とも言える「嫌韓流」の裾野の広がりは、「韓流ブーム」の拡大、浸透と形影相伴いながら、皮肉にも、「韓国・朝鮮性」（Koreanness）を際立たせることになったのである。

国家を中心とする外国人管理や少数民族問題という視点からは、「在日」は、堅牢な器のなかに滴り落ちた「国家のしずく」にしか見えないかもしれない。しかし、「在日韓国・朝鮮人」の「在日性」だけでなく、その「韓国・朝鮮性」に重心を置くならば、「在日」は小さな「しずく」でありながら、国境という壁から溢れ出す存在でもある。「在日韓国・朝鮮人」であろうとする限り、否応なしに、日本列島の国境を越えた、その「韓国・朝鮮性」が帰属する国家との関係を突きつけられてしまわざるをえないからだ。

しかも、「在日韓国・朝鮮人」という、中黒で結びついた「韓国」と「朝鮮」の違いに対応して、朝鮮半島にはふたつの分断国家があり、その南北の分断国家の関係、さらには北と南の、それぞれの国家の、日本という国家との関係など、日本と朝鮮半島との関係は幾重にも捻れて入り組んでいる。

また登録証明書の国籍欄が「韓国」であっても、北朝鮮との関係の断絶を意味しているわけではないし、また「朝鮮籍」をもっていても、韓国との関係が途絶えているわけでもない。

こうした現実の複雑さは、自ずから「在日」を生きる人々の意識や主体性に複雑な波紋を投じざるをえない。「遠隔地ナショナリズム」（ベネディクト・アンダーソン）をなぞるように分断国家の「在外公民意識」をもちつつ「在日」を生きる人々がいる一方、「韓国・朝鮮性」そのものから逃避し、同化（帰化）を望みながらも、国籍の甲羅を脱ぎ捨てていない人々がいる。この両極の間にさまざまなグラデーションが広がり、「在日」を形づくっているのである。

その上に「帰化」という同化の選択をしながら、あるいは親によるその選択を所与としながらも、意識や主体性において「在日」を生きようとする人々がいる。こうした人々をも「在日」と呼ぶならば、「在日」はより可塑的な内包と外延をもつ人々ということになるはずだ。

日本という国家から眺めれば、「在日」は、堅牢な器のなかに零《こぼ》れ落ちた、違った「国家のしずく」にしか見えないに違いない。そのしずくは、あくまで単色で、「外国人」「民族的マイノリティ」という明確な形を伴っているように見える。しかし、その「しずく」をあたかも万華鏡のなかの硝子《ガラス》の粒のように捉えるならば、「在日」を見る側のなかにあらかじめ存在する反射鏡の働きによって、さまざまに異なった形像となって立ち現れて来るのである。つまり、「在日」は、それをどの立場から、どんな視座で眺めるかによって、その形像も、その色合いも変わって来ざるをえないのだ。

にもかかわらず、「在日」を生きて来た人々が、「在日」という響きに独特のニュアンスを込め、同時に、その痕跡を消し去ることなく「在日」であり続けて来たのはどうしてなのか。見方を変えれば、日本という国家の大海に滴り落ちたしずくのような存在でありながら、そのなかに完全に溶解することなく、すでに「解放」から七〇年余り、四世、五世、六世の新しい世代が続いているのはなぜなのか。

母語や名前、文化やライフスタイル、就職や結婚など、人生儀礼において、南北どちらからも空間的に離れていながら、「韓国・朝鮮性」とかかわりをもった人々が、いまでも、確実にこの日本の地に生きているのである。

それでは、何が、彼らがこれまで、そうした「在日」であり続ける牽引力となって来たのであろうか。それは、一言で言えば、歴史の記憶、しかも、私のような「在日二世」によってつくり出され、受け継がれて来た「在日一世の記憶」ではないだろうか。

懶惰《らんだ》、不逞《ふてい》、猜疑《さいぎ》、貧困、無知、蒙昧《もうまい》、劣等、犯罪、不潔など、この世のありとあらゆるネガティブなものを体現したような「在日一世」の表象は、彼らをルーツとしながら、「韓国・朝鮮性」の核となる言語や文化、伝統や風習といった「民族的なインフラ」を欠いていた「在日二世」にとって、圧倒的に二律背反的な存在であった。

一方で、そのような否定的な表象を一身に背負った「一世」は、同時に「二世」にとって圧倒的な存在感をもった、自らのルーツそのものであり、こうした否定と肯定の愛憎併存こそ、実際には、多くの「在日二世」たちの宙ぶらりんなアイデンティティを支えていたのである。「在日二世」とは、そうした「一世」たちの二律背反的な記憶によって自らのアイデンティティの核を形成しえた「在日」の世代を指している。そしてこれら「在日二世」による「在日一世」の記憶が、「在日」という、独特のニュアンスをつくり出し、その強度、濃淡の違いはあれ、その記憶は世代を超えて受け継がれて来たのである。その意味で、こうした記憶の継承こそ、「在日」を「在日」たらしめ、いまもそれが続いていることになる。

しかし、「在日」に占める「在日一世」の割合が、微弱な数に減少し、いまや、四世や五世、さらにそれ以下の世代が続く時代を迎え、「在日一世の記憶」も風化しつつあることは否定できない。

ただし、「在日一世の記憶」は、平坦に「歴史としての過去」になりつつあるわけではない。先にも述べたような「コリア・フォビア」の広がりによって、逆説的にも「在日」の「韓国・朝鮮性」が浮き彫りにされ、「在日一世」の記憶は隔世遺伝のように甦ろうとしているからだ。

それでも、「在日」の歴史が、「在日二世」の「在日一世の記憶」によって構築されて来たものである以上、それは永続的で不動のものではありえない。「在日」の歴史は、「在日二世」によって構築された殻を破り、新たに再構築される可能性も孕んでいるのである。

第一四章
辺境的なるもの

仄かな光に宿る希望――「野蛮の記録」を告発

北海道の東、根室海峡沿岸の中央部に位置する標津《しべつ》町からさらに東へ、野付半島の一本の道を行く。わき目も振らず、ただひたすらに、一途に続く一本の道。昨日の猛吹雪が嘘のように雲間から薄陽がさし、砕けた流氷をたたえる海は、のどかに鎮まりかえっている。

海峡にまるで引っかき傷をつくるように張り出した細い鎌のような野付半島は、砂嘴《さし》で出来た日本最大の砂の半島である。進む道の右には凍結した鏡のような野付湾が広がり、左には流氷が心残りの雪のように波間を漂っている。海に目を転じると、国後《くなしり》島の山影がくっきりと浮かび上がっているのが分かる。

漱石の心情

長崎の軍艦島からはじまった「日本をゆく」旅は、ついに北方四島を望む辺境の地まで辿り着いた。辺境の地、あるいは遠陬《えんすう》の地には、中央から遠く離れた地、そして異界の地と接する辺土や辺地という意味が込められている。それにしても、光を求めて「日本をゆく」旅は、どうしてそのような場所やそこに生きる人々、その記憶や歴史を辿る旅になったのか。

地理的に実際に辺境でなくても、中央に近くても、そのど真ん中であっても、なぜ辺境としか言いようのないものを私は探し求めていたのか。それは、私という存在が辺境的なるものを体現しているからに違いない。

「韓《から》のくに」（司馬遼太郎）の末裔《まつえい》に生まれた者にとって、日本で、しかも本土で生きるということは、辺境的なものを身にまとって生きるということである。同時にそうだからこそ、高度成長の申し子のような私にとって、生きるとは、辺境的なるものから離脱し、より日の当たる中央に少しでも近づくことを意味していた。しかし、その光を求める中央への上昇志向の果てに私はいつの間にか、自分のなかの辺境的なるものを見失っていたのである。

その見えないものが、どれほど大切なものなのか、それを私に知らしめたのは、東日本大震災の悲劇だった。空前の大地震と津波、そして原発事故。中央から見れば辺隅《へんぐう》の地に過ぎない場所が、放射能の目に見えない禍《わざわい》によって根こそぎ荒廃へと追いやられていく現実。それは、「小の虫」という辺境的なるものを犠牲にすることで光輝く、「大の虫」という中央的なるものの酷《ひど》い仕打ちを示していた。それにあらためて気づかされた時、私のなかで失いかけていた辺境的なるものがムクムクと隆起して来ることが分かった。

私は何を得、何を失ったのか。この問いは、戦後の日本は何を得、何を失ったのか、さらに近代日本は何を得、何を失ったのか、という、より根本的な問いへと私を誘うことになったのである。

明治維新から一五〇年、殖産興業、富国強兵に励み、四つの島を中心とする「固有の本土」に沖縄など周辺の島嶼《とうしょ》を「固有の領土」に組み入れ、やがて国境を越えて東アジアへと膨張していった国家の歩みは、敗戦という挫折を経て「固有の本土」に縮減しながらも、不死鳥のように甦り、経済大国へとのぼり詰めていく。国境で囲われた国民という「想像の共同体」(ベネディクト・アンダーソン)の歴史はひときわ際立つナショナル・ヒストリーをなしているのである。しかし、明暗は表裏のように、日の当たる所には必ず影がさしている。いやむしろ、影が深ければ深いほど、日の当たる所はより輝いて見えるに違いない。その輝きに幻惑されず、中心的なるものを体現しながらも、その中心の輝きに暗黒を見いだしたのは、夏目漱石である。「日本国中何所《どこ》を見渡したつて、輝いてる断面は一寸四方も無いぢやないか。悉く《ことごと》暗黒だ」。半ば厭世《えんせい》の悲観を込めて語る名作『それから』の主人公の独白は、漱石その人の心情の一端を表している。

消え失せる境界

「日本をゆく」旅は、漱石が一〇〇年前に慨嘆した日本の近代を辿りながら、それでも仄かに揺らめく微《かす》かな光のなかに希望のありかを見いだそうとする試みだった。旅は、辺境的なるもの、その過ぎ去ったもの、あるいは過ぎ去り行くもののなかに「希望の火花を掻き立てる能力が宿っている」（ヴァルター・ベンヤミン『歴史の概念について』）のかもしれないという淡い期待を伴っていたのだ。というより、その微かな期待こそが、私を辺境的なるものへと掻き立てていた隠れた動機だったと言えるかもしれない。

軍艦島でも、三池炭鉱の廃坑でも、メトロポリス・TOKYOの片隅でも、中山間地でも、水俣の海でも、滅亡した村の跡でも、「癩」の旧収容施設でも、また沖縄の基地でも、さらに「在日」のコリアタウンでも、それらに見いだしたものは、忘れられ、隠され、潰されていく辺境的なるものの痕跡だった。

そのなかに発見したものは、単なる影や闇ではなかった。むしろ、夜をもちこたえて輝くような、そうした痕跡が放つ仄かな光にこそ、希望が宿っているように思えた。それは、日本の近代の、そして戦後の単なるエピソードでもなければ、懐古的に綴られる過去の出来事でもない。それは、一五〇年の時空を超えて、いまも変わらず続いている「野蛮の記録」を、沈黙のうちに、あるいは叫びのうちに告発し続けているのである。

歴史が、国家と国民の歴史（ナショナル・ヒストリー）の言い換えに過ぎないとすれば、それは所詮《しょせん》、「いま地に倒れている者たちを踏みつけて進んでゆく」（同前）勝者の歴史にほかならない。この中心に向かい、中心から放出される勝者の歴史の凱旋《がいせん》行進に伴う戦利品を文化財と呼ぶならば、それは実際には辺境的なるものの「言い知れぬ苦役にも負うている」(同前)のであり、その意味で文化の記憶である歴史は、「野蛮の記録」でもあるのだ。

戦後という時代がいまや「昨日の世界」(シュテファン・ツヴァイク)へと退こうとし、野蛮の歴史が、「愛国」や「自国中心」のかけ声のもとに荒々しく凱旋行進しようとする現在、辺境的なるものはますます、忘れ去られ、消えゆく運命にあるように見えるかもしれない。それは、北の辺境の地、野付半島の海岸に吹きっさらしで無残な姿をさらす廃屋のように、ただ消えていくだけなのか。

そうではないはずだ。歴史はただその都度、勝利をかっさらっていく人々のためにあるのではない。歴史のなかで消えていった名もなき人たち、誇るべきモニュメントもなく、時には失意と苦難のうちに天を仰ぎ自らの境遇を呪いながら果てていった人々。そうした歴史の墓場に打ち捨てられた人々を甦らせ、破壊されたものを寄せ集めてつなぎあわせることができれば、私はそうした死者たちのなかにいる父や母に再び会える。そのような夢を見ることがある。

その意味で私もまた、辺境的なるものを身にまとった者たちの相続人の一人なのだ。これらの相続人にとって、もはや人と人とを引き裂く国境は、いや、ありとあらゆる境界は消え失《う》せている。私の旅は、死者も生者も含めて、そうした相続人たちと出会う、邂逅《かいこう》の喜びに満ちていた。近代日本は、そうした人々を輩出して来たのであり、そこにこそ、この国の希望が宿っているのである。

終章

軍艦島からはじまり僻遠の地で終わる本書は、明治一五〇年の歴史の厚みのなかで日本列島に刻み込まれた「裸形の民」の足跡を辿る思索の旅であった。国家によって創出され、その知と権力を通じて塑型され、同時にその国家を下支えする国民。「裸形の民」とは、序章でも触れたように、単色の無雑の「純粋性」において成立する「ネーションの善性」の憑きものが落ち、個々の特殊な相貌をもって立ち現れた人々を指している。

彼らの歴史は、明治以来の国民―国家の「正史」からは抜け落ちるか、その欄外にほんのわずかなエピソードとして語られて来たに過ぎない。あたかも地下数百メートルの坑道に生き埋めにされた坑夫たちの歴史がそうであったように、彼ら「裸形の民」は、国家を中心とする「和魂洋才」の明治一五〇年の視界からは消え失せている。

しかし、明治一五〇年(二〇一八年)の現在、日本列島の地方の衰退と階層的格差の拡大とともに、夥しい数の「裸形の民」が目撃されるようになった。それは、もはや単色の無雑の「純粋性」の共同体のなかに包摂されるには、余りにも異質で、余りにも均質性を欠いているのである。明らかにそれは、国民統合の綻びを意味している。そうであるが故に、他方では「純粋性」の境界のなかに立て籠もる国粋的な排外性が鼓舞されているのである。

本書の思索の旅は、そうした変化のうねりのなかにある現在から出発し、日本の近代とは何であったのか、それは何を獲得し、何を失ったのか、それを具体的な現場から問い直す作業であった。

旅の間、ずっと脳裏を離れることがなかったのは、そうした現場にいつも立ち現れて来る茫《ぼう》洋《よう》として捉えがたく、しかし固形物のように確かな存在――国家であった。明治一五〇年は、どんな国家を日本列島に出現させたのか、私はそれを現場を歩きながら常に問い続けていたのである。

司馬遼太郎と丸山眞男の不安

ところで、「開国」によって国民―国家建設の歩みをはじめた近代日本では、国家が国民を創造する、いわゆる「ドイツ型の道＝特殊な道」（Sonderweg）を辿ったと言われて来た。この規定は、多分に講座派マルクス主義的な、古色蒼然《こしょくそうぜん》とした色合いが強いとはいえ、明治以来の日本という国家のある側面を物語っていると言える。

もっとも、国家は無謬《むびゅう》ではないことは、無謀な戦争で実証されたし、国家が万能でないことは、先の敗戦で明らかにされたはずだ。それをリアリズムの欠如と指摘したのは、戦後を代表する作家の司馬遼太郎である。

学徒出陣で戦車隊の一兵士に過ぎなかった司馬は、リアリズムを失った「「昭和」という国家」の馬鹿馬鹿しさを次のように指摘している。「戦車は、国家の一部です。装甲の厚さ、砲の大きさ、そして全体を数量化して考えることができるという、素朴リアリズムのかたまりです。いわば、明快な物体です。自分の物体というリアリズムを通して敵のリアリズムもわかります」（司馬遼太郎『「明治」という国家』）と。

いかにも司馬らしいリアリズムに溢れた指摘である。「魔法の森」のなかに迷い込んだような、リアリズムなき（戦前の）「「昭和」という国家」と鮮明なコントラストをなすのは、「「明治」という国家」である。「リアリズムといえば、明治は、リアリズムの時代でした。それも、透きとおった、格調の高い精神でささえられたリアリズムでした」（同前）。明治国家の「高貴」で「健全」なリアリズム。

司馬のなかでは、（戦前の）「「昭和」という国家」の屈辱と悲惨から救い出されるべき「「明治」という国家」と、そのリアリズムの新たな再生とも言うべき（戦後の）「「昭和」という国家」は、二重写しになっていたに違いない。

司馬にとって敗戦と復興、成長の戦後（としての「「昭和」という国家」）は、「ありもしない『絶対』を、論理と修辞でもって、糸巻きのようにグルグル巻きにした」イデオロギーによって叩き壊された明治国家のレガシーを、ひとつひとつかき集め、新たに再建していくことを意味していたのである。

戦後民主主義を代表する政治学者の丸山眞男は、丸山を一躍、論壇の寵児《ちょうじ》に引き上げたデビュー作とも言える「超国家主義の論理と心理」（一九四六年）のなかで、司馬が指摘した「絶対」を論理と修辞で糸巻きのようにグルグル巻きにしたような「超国家主義」（ウルトラ・ナショナリズム）の異様さを完膚なきまでにえぐり出した。丸山は、リアリズムを欠いた「超国家主義」が、軍と国家そして社会を貫き、国民をまるごと、まるで宗教的な神聖国家のカルト的な熱狂のなかに叩き込んだのはなぜなのか、その内なる論理と心理を暴き出したのである。

国家の主権者（天皇）が自らのうちに絶対的価値を体現し、そうであるが故に「国体」は「真善美の極地」と信じられている国家は、同時に政治の、権力の矮《わいしよう》小化と指導者たちの凡庸さ、陳腐さと表裏一体となっていた。絶対的価値（国体）から放り出され、一個の人間にかえった時の政治的指導者たちの何と弱々しいことか。それは、極東国際軍事裁判（東京裁判）で見事なほどに露呈することになった。

一人の個人として見れば、己の「私情」を貫き通すことすらできず、権限と「国体」の陰に身を隠し、その虚構の「絶対」的価値との一体化によって自らの驕《きよう》慢《まん》な自尊意識を保つことができる凡庸な指導者たち。さらにその指導者たちによって煽《あお》られ、逆に彼らを煽る「少国民」たちの熱狂によって破滅に陥った国――その国への思いを、司馬は「こんなばかな戦争をする国」「こういうばかなことをやる国」と、愛憎半ばする気持ちを込めてそう呼んだ（『昭和』という国家』）。

徴兵により植民地・朝鮮へ渡り、さらに広島の宇品で終戦を迎え、自らも被爆の経験をもつ丸山も、「こんなばかなことをやらかす国に生まれた」という思いにおいては、司馬と同じだったに違いない。

それでも彼らはなお、近代の歴史を振りかえり、日本には屈辱にまみれた廃墟のなかにあっても、誇りうるものがあると信じていたはずだ。それこそ、「明治国家」のレガシーだった。司馬にとっても丸山にとっても、昭和二〇年までの国家は、「どうみても明治とは、別国の観があり、べつの民族だったのではないかと思えるほど」(『「明治」という国家』)異様な国家に変貌していた。

もちろん、二人とも、明治国家のなかに後に「絶対」を振りかざす、「超(ウルトラ)」とか「極端(エクストリーム)」とか呼ばれる国家主義の因子が孕まれていることに気づいていた。それでも、司馬が「「明治」という国家」が、自由民権と立憲国家という世界思潮に洗われながら誕生したことにフォーカスしたように、丸山も、「明治国家の思想」(一九四六年、『丸山眞男集』第四巻)のなかで尊皇攘夷と公議輿論、国家権力の集中と分散、国家主義と国民主義、専制と民主化のダイナミズムを描き出そうとしたのである。

彼らは二人とも、敗戦と占領によって配給された戦後民主主義が、ただ外部の力によって忽《こつ》然《ぜん》と天下ったのではなく、むしろ国民―国家形成の揺籃《ようらん》期にそうした進歩的な近代性のレガシーを宿していたことを突き止め、そのレガシーが戦後において全面的に芽を吹くことに賭《か》けようとしたのである。

この意味で二人とも、司馬の言葉を借りれば、「愛国」の人であったと言える。「国民国家において国民的連帯感のもとにうまれる高度なもの」(『「明治」という国家』)、それこそが戦後民主主義を突き動かす「圧搾空気」にほかならなかった。「大日本帝国の『実在』よりも戦後民主主義の『虚妄』の方に賭ける」(『増補版・現代政治の思想と行動』)と、戦後デモクラシーへの決断主義的なアンガージュを宣明した丸山を突き動かしていたのは、司馬的な「愛国」だったに違いない。

彼らには、戦後民主主義の定着とともに、明治国家の「進歩的な近代性」のプロジェクトが達成されつつあるように見えたのではないか。

しかし、彼らの晩年を見る限り、二人には再び、明治国家のなかに孕まれていたあの国家主義が影のように忍び寄りつつあるという鬱屈した不安が揺らめいていたのではないだろうか。司馬が、まるでいまを生きる大人たちへの落胆を振り払うように小学生に向けた「二十一世紀に生きる君たちへ」を発表し、また丸山が戦後民主主義のなれの果てに対する違和からか、歴史から韜晦《とうかい》するように「原型」への探求に向かったのも、二人のなかに落胆の影が忍び寄っていたからとしか思えない。

丸山と司馬の死からほぼ二〇年、司馬の言葉で言えば、「ひとの国の痛みがわかるとか、他の民族の歴史に対して荘厳な思いをもつとか」、そうした他者への共感の欠片《かけら》もない国家主義の影が広がりつつあることを思うと、司馬と丸山がいま、生きていればどんな感慨をもっただろうか。

思索の旅で訪れた現場に刻み込まれていたのは、この国家主義に蹂躙《じゅうりん》された人々の悲劇と、それに抗う人々の記憶だった。と同時に私のなかで何度も反芻《はんすう》していたのは、どうしてこのようなミザラブルな悲劇が繰り返され、半世紀、いや一世紀にわたって放置され続けて来たのかという素朴な問いだった。

鷗外と漱石の憂鬱

明治一五〇年、この列島にドームのように聳え立つ国家は、少なくともその心臓部にいるパワーエリートたちの多くは、同じ国民であっても、「裸形の民」の痛みにも、その歴史にも然るべき敬意を払うことすらなかったとしか言いようがない。

司馬や丸山が戦後民主主義につながる明治国家のレガシーを救い出そうとしながらも、それと形影相伴うように立ち現れて来る国家主義の影に対して抱き続けたグルーミーな気分は、明治国家を生き、その代表的な知識人、作家となった森鷗外のなかに早くも胚胎していた。司馬は、ひとの国の痛みが分からず、他の民族の歴史に対して敬意をもてないエリート教育——「一種の秀才教育、偏差値教育」は、すでに日露戦争前後にはじまっていたと述べているが、それに先行する秀才であり、軍医として最高位を極めた森林太郎(森鷗外)は、まさしく明治国家の中枢にいた国民的作家でもある。

その鷗外のなかにも、日清・日露戦争を通じて「一等国」になったと思われたにもかかわらず、その内部が形骸化し、それが急速に隆起する国家によって上から埋められつつあるという鬱屈した不安の影がさしていた。その思いは、大逆事件の前年（一九〇九年）、鷗外の故郷、津和野での短い講演「混沌」のなかで婉曲《えんきょく》的に表現されている。

鷗外が混沌という比喩で言いたいことは、新しい時代の変化を、小賢《こざか》しい秀才ほど整理整頓された簞笥《たんす》の引き出しに仕舞おうとして、結局、途方に暮れてしまいがちであり、むしろ津和野にいるような器量は大きいが、才知に長けているようには見えない椋鳥《むくどり》のような人物の方が、混沌とした時代にふさわしいということである。

「Authority を無理に弁護してをつても駄目である。或る物は崩れて行く。色々の物が崩れて行く。それならば崩れて行つて世がめちや〳〵になつてしまふかと云ふと、さうでは無い。人は混沌たる中にあらゆる物を持つてゐるのでありますから、世の中に新思想だとか新説だとか云ふものが出て来て活動して来ても、どんな新しい説でも人間の知識から出たものである限は、我々も其萌芽を持つてゐないと云ふことは無いのです」

明治国家はその国家目標を達成し、「一等国」になったにもかかわらず、いや、そうであるが故に動脈硬化のように硬直し、Authority をむやみに振りかざす国家になってしまった、だからこそ、混沌を恐れず、新たな刷新が必要である。鷗外はそう言いたかったに違いない。国民的作家としても、また明治国家の官僚エリートとしても卓越していた鷗外にして、すでに明治国家のレガシーへの懐疑の念が湧きつつあったのである。

鷗外と双璧をなす漱石の場合はもっとラディカルであり、悲観的だった。その事情はすでに序章でも述べた通りである。

その激越な口吻は、国家主義と癒着する新興資本の一角にパラサイトしながらも、超俗的な高等遊民であり続けようとする『それから』の主人公・代助によって発せられている。

「日本は西洋から借金でもしなければ、到底立ち行かない国だ。それでゐて、一等国を以て任じてゐる。さうして、無理にも一等国の仲間入をしやうとする。だから、あらゆる方面に向つて、奥行を削つて、一等国丈の間口を張つちまつた。なまじい張れるから、なほ悲惨なものだ。牛と競争をする蛙と同じ事で、もう君、腹が裂けるよ。其影響はみんな我々個人の上に反射してゐるから見給へ。斯う西洋の圧迫を受けてゐる国民は、頭に余裕がないから、碌《ろく》な仕事は出来ない。悉く切り詰めた教育で、さうして目の廻る程こき使はれるから、揃つて神経衰弱になつちまふ。(中略)考へられない程疲労してゐるんだから仕方がない。精神の困憊と、身体の衰弱とは不幸にして伴なつてゐる。のみならず、道徳の敗退も一所に来てゐる。日本国中何所を見渡したつて、輝いてる断面は一寸四方も無いぢやないか。悉く暗黒だ」

多分に漱石の暗澹《あんたん》たる慨嘆を代弁している主人公の告発は、一〇〇年以上の時空を隔てて、まるで現在の日本を言い当てているようにも見える。

国家主義の隆起と感覚的衝動の解放、国権と民権の分裂、国家と資本の癒着、東京一極集中と地方の疲弊、より上位の国際的権力(アメリカ)への追随と劣位の国に対する優越感など、不均衡な発展のゆがみのなかで進行する格差と疲弊……。こうした構造的な病理の所在は、何もいまにはじまったことではなく、すでに明治国家の完成のなかに胚胎していたと言える。そうした近代日本の宿痾を内面的な主観性の世界で一身に引き受けながらも、そこから一歩外に踏み出し、私の世界が公の世界へとつながる回路を見いだそうにもそれが見えない苦悶《くもん》が、漱石の憂鬱のタネだったのではないだろうか。その意味で、漱石は「非国家的な（反国家的ではない）非政治的な」低徊趣味に韜晦したという丸山の指摘は一面、正鵠《せいこく》を得ている。

戦後七〇年が過ぎ、日本を、アジアを、未曾有のカタストロフへと誘った不均等な発展の病理は、是正されたと言えるだろうか。その痼疾《こしつ》的な病理を痛感した晩年の丸山は、奇《く》しくも漱石と同じような境地に立っていたのかもしれない。

東日本大震災と福島第一原発事故、さらにその後、自主避難や放射能汚染、防潮堤や広大な嵩《かさ》上げ工事などで故郷を奪われ、あるいは故郷を去らざるをえなかった夥しい数の無辜の民。その実態調査さえ国の責任で実施されることもなく、「アンダーコントロール」のかけ声のもと、既成事実だけが積み重ねられ、コンクリートで被災地を覆うように、国家の瑕疵や過ちは雲散霧消しつつある。

国家やそれに準ずる機関のなかの誰一人として自らの「私情」を吐露し――権限のなかに隠れるのではなく、自らの「人間的な」肉声で語り、然るべき責任を全うする。こうした光景に立ち会うことはほとんどなかったのである。戦後七〇年余りにしてこうした陰鬱な光景を見ざるをえないとすれば、誰が漱石の暗澹たる憂鬱を批判できるだろうか。

和魂洋才のイデオロギー

東日本大震災の後の東北、とくに福島の地を歩きながら感じたのは、国家というものの酷薄さ、むごさだった。足尾鉱毒事件の犠牲の地・谷中村跡で、また戦後最大の公害に見舞われた水俣の地で、またハンセン病患者の旧収容施設で、陰惨な集団殺戮の現場となった知的障害者の施設で、過疎化が進んだ中山間地で、そして基地の重圧と戦争の記憶にいまも苦しむ沖縄で、さらにコリアタウンで、私はそれらの背後に国家の影を見ないわけにはいかなかった。

その国家は、単なるファントムのような存在ではない。血の通った具体的な生身の人間によって動かされているはずだ。しかし、そこには、そうした生きた人間が見えず、無機的な権限や規則、官庁の抽象的な相貌だけが見えて来るのである。

政治家には、そうした国家の相貌を国民のために血の通ったものに切り替える役割が与えられているはずだ。経世済民とはそのことを意味している。戦後民主主義は、「平和国家」を掲げ、個人の人権とともに、「ナショナル・ミニマム」とも言える人間らしい「文化的な生活」の保障を謳ったのではなかったか。だが、実際に進んでいるのは、まるで国家のために国民があるかのような倒錯した事態であり、国民なき国家主義の膨張である。

明治一五〇年を束ねる「和魂洋才」のスローガンは、そうした国家主義の「圧搾空気」を今後も維持し続けることのマニフェストでもある。漱石が墓から甦ったならば、一〇〇年後も自分の時代と同じことを続けていると驚きの声を上げただろうか。それとも、やはりそうなのかと皮肉に満ちた悲しい笑いを湛えただろうか。そのどちらでもなく、それは明治維新以来の近代日本の因果であると淡々と受け止めただろうか。

いずれにしても、明治一五〇年のいま、なぜ「和魂洋才」なのか、そのことが問われなければならない。

それが意味しているのは、時代とともにその発現の形態は変わっても、一貫して変わらざるもの――科学と技術と、それが生み出すものに対するオプティミズムにほかならない。福沢諭吉と並び称される啓蒙家で、明六社の中心人物の一人であった西周《あまね》の言葉を借りれば、和魂洋才とは、健康と知識と富という、三つの宝（「人世三宝説」一八七五年）を生み出す力ということになる。健康と知識と富を生み出す、その生産性において和魂洋才は、一点の曇りもなく、肯定されるべきものなのだ。

もちろん、和魂洋才は、それだけにとどまるものではない。それは、二重の意味で差異化のロジックを通じて、日本という国家のナショナル・アイデンティティのユニークさを表すプロジェクトとなっているのである。

日本の近代は、一方では欧米に対して独自性をもち、非欧米世界の国民でも、欧米並みの、いや場合によってはそれを上回る文明化が可能であることを実証するとともに、他方で、アジア世界に対して自らが文明化の先端にあることを証する、明示的なイデオロギーとなっているのである。

こうした二重の差異化の戦略によって、日本という国家は、いや唯一、日本という国家だけが、欧米とアジアの結節点、両者の結び目に立つという、特権的なポジションを占めることになった。もっとも、明治一五〇年の現在、日本だけが欧米並みの文明化を成し遂げられるのではなく、中国も、韓国も、日本と同じように文明化を成し遂げられることが明らかになりつつあり、和魂洋才がかつてのような輝きを失いつつあることは間違いない。それでも、中国や韓国と違って、東アジア世界で最初の文明化のトップランナーになりえたという、国民的な記憶は、いまでも和魂洋才を支える共有財産になっている。

史上初めて原子爆弾の洗礼を二度も受け、原子力の「平和利用」という名のもとに、国策民営で僻地《へきち》のあちこちに五十数基の原発を設置し、未曾有の原発事故が起きても、原発プラントの輸出を止めない国家。その根っこにあるのは、和魂洋才にあるような科学・技術オプティミズムであり、国家がその先端を担っているという自負ではないか。

第一章で触れたように、避難指示が出され、放射能汚染で無人の街と化した商店街の入り口でひときわ目を引く標語——「原子力　明るい未来のエネルギー」は、そうしたオプティミズムの悲しい墓碑銘でもある。

多くの人々が、そのようなオプティミズムと国策によって進められる原子力エネルギーの輝かしい未来を信じていたに違いない。どうして、和魂洋才のイデオロギーは、それほどまでに広く、かつ深く、被爆体験にもかかわらず、日本列島に生きる国民を虜にしたのだろうか。

和魂洋才とは、精神と技術の分離の上に成り立っている。そうした分離が成り立つところでは、技術は最終的にはいわばパズルのなかのピースに過ぎず、技術的な失敗や挫折は、精神の領域から切断され、そうした失敗や挫折が精神の領域とかかわっているという回路が遮断されてしまうのだ。

それでは、精神、つまり和魂とは何を指しているのか。それは、フランスの日本研究者アラン＝マルク・リウーの言葉を借りれば、「象徴的な権力としての国体」（『未完の国——近代を超克できない日本』二〇一三年、原題の直訳は『日本の近代化における知と権力』）であり、それを担うのが、有司としての官僚なのである。

「装置」に喩《たと》えられ、怒りも憎しみもなく、精巧な機械のように合理的に行政を処理できる組織としての官僚。このマックス・ウェーバーの標準的な理解を超えて、国体を具現する国家官僚は、単なるマシンではなく、精神を具現しているとみなされていた。科学も含めて最も広い意味での技術を担うインテリたちは、国体の外側で、下位集団として位置づけられるのであり、この集団は、和魂、つまり精神の領域には容喙《ようかい》できない存在とみなされていた。明治国家の完成以来の知識人の無力さは、そうした精神と技術、和魂と洋才、官僚と知識人との分断にあるとリウーは指摘している。

技術が精神や道徳の問題であり、技術の誤りや破綻が精神や道徳の問題の誤りや破綻と直結していると考えられているならば、和魂洋才のオプティミズムなど吹き飛んでしまわざるをえないはずである。

和魂と洋才を切断できるという発想そのものが、外から輸入された知識や技術が、それが生まれた背景とは無関係な計画や大義のためにどのようにでも汎用可能な道具とみなされていることを意味している。知識や技術は、単なる道具や手段、テクニックではなく、一定の価値や態度決定と密接に結びついているはずだ。にもかかわらず、明治国家以来の和魂洋才は、知識や技術を着脱可能な装置のようなものとみなし、それに目的と価値を与えるのは、和魂、つまり国体であるとみなされていたのである。

そうした和魂洋才のイデオロギーは、明治一五〇年の近代国家の形成において決定的に重要な役割を果たしたと言える。それは、内閣制度の確立（一八八五年）の明くる年、学術・技芸の研究と国家的人材養成の制度化を進めた帝国大学令によって具体化されることになった。「帝国大学ハ国家ノ須要ニ応スル学術技芸ヲ教授シ及其蘊奥ヲ攷究スルヲ以テ目的トス」。この帝国大学令の第一条は、明治国家における知と権力、知識・技術と国家との相関関係を明示しているのであり、それは戦後間もない頃まで学制の基礎をなした。

確かに敗戦後は、天皇を中心とする一君万民的な共同体は崩壊し、国体という言葉そのものが、国民体育大会（国体）を指し示すだけになった。しかも、国家官僚は、象徴的権力としての国体を具現する藩屛ではなく、国民全体への奉仕者とみなされるようになった。

しかし、それにもかかわらず、戦後、天皇は国民統合の象徴として、日本という全体性のシンボルとされているし、国家官僚は建前では国民全体の奉仕者であっても、デ・ファクト（事実上）には国民を睥睨する、日本版の「ノーメンクラトゥーラ」（本書一一〇頁）のような存在となっている。

こうした和魂洋才で表される知と権力の結節点となったのが、明治以来、心身の病や衛生、血統をめぐる言説やその制度である。本書の思索の旅であらためて思い知らされたのは、ハンセン病や「精神疾患」をめぐる見えない差別の底知れない根深さであり、それは明治以来の、知と権力との国家的な縫合にまで行き着かざるをえないと思われた。

例えば、ドイツ語の「ヒギーニ」（Hygiene）を「衛生」と訳し、近代日本の公衆衛生の先駆けとなった長与専斎・内務省衛生局長が大日本私立衛生会発会の式典で述べている発言などは、明治国家が和魂洋才を通じて文明と野蛮のヒエラルキーと結びついた「恥の意識」に敏感であったことを物語っている。「公衆衛生法は開明事業の分銅にして此法を以て其権衡を制するに非ざれば開明百般の事業は偶々以て国家貧弱の資となるべきのみ」。公衆衛生が国家の喫緊の関心事であり、それに成功しなければ、貧弱な三流国家となってしまうだけでなく、欧米諸国から野蛮の屈辱的な烙印を押されかねないと述べているのである。

文明と野蛮の二分法は、和魂によって表される血統に基づく階層秩序によって強化され、社会の底辺にまで降り立っていくことになった。この点を明治国家に即して、ひろたまさきは次のように指摘している。

「血統による秩序は、天皇、皇族、華族、士族、平民、そして新平民、アイヌ、沖縄人、という系列で捉えられるようになり、一君万民の理念は、華族以下を『万民』として寛大に包括しながら、万邦無比の万世一系の皇統を頂点とする血統秩序が日本型華夷意識の再生、そのもとでの被差別部落民、アイヌ、沖縄人への差別意識の再生を許すことになった」(『日本近代思想大系22　差別の諸相』、要約)。

もちろん、こうしたヒエラルキーは、敗戦とともに見える形としては完全に崩壊した。戦後は、憲法のもと、個人の基本的人権と法の前の平等が保障され、ひろたが指摘したような差別の重層的な秩序は消滅したと言える。

しかし、それでも、つい最近までらい予防法や優生保護法は生きていたし、可視化されない差別は連綿として生きている。また、沖縄の基地建設反対をめぐる「土人」発言や「ヘイトスピーチ」など、ひろたが言う「日本型華夷意識」は、その制度的な形が消失したが故にむしろ無定型な集合的無意識のように社会のより深い部分で温存され、何かの事件をキッカケに間欠泉のように噴出して来るのではないだろうか。

「擬似インテリ」との出会い

思索の旅を通じて私は、本書で記したような社会的悲惨をこうむらざるをえなかった「裸形の民」の鬼哭啾々とその涙ぐましい抵抗と闘いの歴史を知ることになった。それを知れば知るほど、この日本という地と社会への深い愛情が私のなかに醸成されていくことに気づいた。それは、間違いなく、民族や国籍、来歴を超えた、というより、それを貫いて、体内から湧き起こる共感の情である。

だがそれにしても、どうしてそのような社会的悲惨が形を変えて何度も繰り返されて来たのだろうか。その原因のひとつとしてリウーが挙げているのが、近代日本における知識人の無力あるいは非力さだ。

知識人とは何かという定義は別にして、知識人が日本では、これまで指摘して来たように、和魂と洋才を切断する知と権力のシステムのなかでは、与えられるべき社会的存在感が希薄であることは間違いない。知識人が、自らの所属する階層や階級を離脱して、より普遍的なコモン（common）の問題を公的空間に引き上げ、それにコミットしていく社会的にヴァーチャルな（仮想的な）階層であるとすれば、近代日本の知識人は社会的な凝集力に欠け、それはテクノクラートを含めた官僚、あるいは大学教授や専門職も含めてオフィシャルな地位を与えられた知識人と、他方でその隙間に残された技芸や文学、芸術、さらにはそこからもドロップアウトした知識人という、両極端に分化して来た。

丸山眞男の、「近代日本の知識人」に関する考察を借りれば、「近代日本において、インテレクチュアルズを実質的に構成するようないろいろな職業がありながらも、それらが共通の分母を通じて多少ともまとまった一つの社会群をなしているというイメージが、それらの職業人の間にも、また他の社会の人々の間にも乏しかった。むしろ、公私のビューロクラシーの所属性による区分のほうがより鮮明な指標になっている」(「近代日本の知識人」、要約)。

和魂を体現するビューロクラシーとその国家的共同体の吸引力が、知識人の社会的凝集力を凌駕《りようが》して来たことが、ヴァーチャルな社会的階層としての知識人の脆弱さの背景をなしていたのである。

確かに、明治初期の高島炭坑の坑夫たちの窮状や足尾銅山の鉱毒事件など、社会的な困窮や悲惨を公的な空間に引き上げ、それに果敢にコミットする知識人たちがいた。また戦後も数々の公害反対運動、市民運動、平和運動、差別撤廃運動などにコミットする知識人たちの発言や運動があった。しかし、それらが、和魂に、国家的共同体に大幅な譲歩を迫るまでの社会的な力となりえなかったことは否めない。そして国民なき国家主義の台頭によって、知識人の社会的凝集力はますます薄れていこうとしている。

「知識人の終焉」がもはや既定の事実のように受け入れられ、急激な情報化の進展とともに、誰でもが個人としてメッセージを発信できる時代に「近代的な知識人」の再興を説くこと自体、時代錯誤の誹《そし》りを免れないかもしれない。その意味で、丸山の言う「擬似インテリ」に着目すべきである。「擬似」は「エセ（似非）」ではない。それは、近代的な意味での知識人ではないにしても、いわばその「亜種」とも言うべき知識人を指している。

明治以来、欧米と違って日本では、学歴や社会的地位、公私のビューロクラシーとも必ずしも一致しない、そのような形での知識の平均的かつ平等な配分が、中央のみならず、地方にまで浸透して来た。「擬似インテリ」とは、そうした知の配分のなかで緩やかな社会的凝集力をもった階層を指している。

思索の旅を通じていくつかの現場で出会った人々、またその現場の歴史のなかに生きた人々、そうした人々は、近代的な意味での知識人ではないにしても、社会的窮状を公的な空間に引き上げる上で重要な役割を果たした「擬似インテリ」だったことは間違いない。

彼らのレガシーが、より広範な現代の「擬似インテリ」に受け継がれていけば、国家的な共同体というドームを下から仰ぎ見るような、従順な「国家の囚人」意識から解放されていくことにならないか。

明治一五〇年、いま、求められているのは、そうしたドームを外から眺められる視点であり、この旅で訪れた現場は、その手がかりを与えてくれた。そこで出会った、数多くの「擬似インテリ」としか言いようのない人々に、心から感謝の念を表したい。

あとがき

かつて生前、親交のあったジャーナリストの筑紫哲也さんが送ってくれた本のなかに、「自分はこれまで出会って来たもの全ての部分」（I am a part of all I have met）であるという、英国の桂冠詩人アルフレッド・テニスンの言葉が引用されていたと記憶している。私は、この言葉が好きだ。この言葉は、一人の人間がいまあることの背景には、すでにこの世にはいない人、生きている人も含めて、人との出会いが積み重ねられていることを語っているからだ。

きっと一冊の本がいまあることにも、テニスンの言葉があてはまるに違いない。ましてや北辺の国境を望む町から南は基地の島にいたるまで、日本の近代の、戦前の、戦後の、さらに現代の、夥しい数の人々の足跡や思い、生々しい息づかいの気配が漂う歴史の「現場」を訪ね、そこで五感を通じて感じ取ったことを思索のフィルターを通じて表現した本書には、たくさんの出会いが積み重なっている。概念という、実在と観念を媒介する虚構の作り物のフィルターを通すことで初めて思想史的な作業が進行するにしても、そこには、単なるフィクションではない、泣きもし笑いもする、生身の人間の生き様があり、そうした人々との出会いなしには、学問的な概念など、ただの小賢しい作り物に成り下がってしまうはずだ。

この意味で、死者、生者も含めて、人との出会いは、本書の来歴を語る時にこそふさわしいに違いない。訪ねた「現場」で、その現場の当事者であったり、現場への道案内を務めてくれた方々については、本文で取り上げた通りである。しかし、出会いは、それだけに尽きているわけではない。むしろ、本書は、本文では取り上げられなかった人々との出会いによってその揺籃を見守られ、初めて世に出ることになったと言える。

何よりもその筆頭に挙げたいのは、橋詰邦弘さん（共同通信編集委員室長）である。本書のベースになった、共同通信連載の企画を立案し、連載の「旅人」に私を選んでくれた。彼がいなければ、連載も、本書も、世に出ることはなかったはずだ。しかも、連載は、橋詰さんという、手練れのジャーナリストの豊富な知識と人脈によって支えられていたのであり、また同時に、「思索の旅」のかけがえのない同行者でもあった。ここに心からの謝辞を述べておきたい。「思索の旅」の同行者は、橋詰さんだけではなかった。その一人として、さまざまな助言を惜しまず、また時には生々しい政局も含めて、現代日本の政治について深い洞察と見識を道行きの途上、惜しげもなく披瀝《ひれき》してくれた柿崎明二さん（共同通信論説委員）を挙げておきたい。心から感謝の意を表したい。

また道行きに欠かさず付き合ってくれた堀誠さん（共同通信編集委員）のことを忘れることはできない。訪れる「現場」の下見を含めて、「思索の旅」の実質的な案内役を果たしてくれた。報道カメラマンとして定評のある堀さんの、ファインダー越しにうかがい知れるまなざしは、いつもやさしく、私は安んじてカメラに身をさらすことができた。本書に収録されている写真は、その一部である。心から労いの言葉を捧《ささ》げたい。

こうした共同通信の方々だけでなく、共同通信のネットワークを通じて「現場」に精通した記者の皆さんが、「思索の旅」に協力してくれなかったなら、きっと本書は貧相なものに終わったに違いない。阪神・淡路大震災の取材で協力してくれた長沼隆之さん（神戸新聞報道部次長）、沖縄の戦争の爪痕や基地の現実を知るのに大いに裨益《ひえき》してくれた小那覇安剛さん（琉球新報社会部長）や阿部岳さん（沖縄タイムス北部報道部長）、福元大輔さん（沖縄タイムス記者）たちに謝意を表したい。さらに長野五輪の関連施設の見学などでお世話になった五十嵐裕さん（信濃毎日新聞編集局次長兼運動部長）に感謝の意を表したい。また高校時代の同級生で、熊本日日新聞社の取締役社長の重責にある河村邦比児《くにひこ》さんに感謝の言葉を贈りたい。河村さんが投げかけてくれた激励の言葉は、連載執筆の励みになったからである。

言うまでもなく、本書の来歴には、本そのものの作成に携わってくれた人々との出会いが欠かせない。その一人としてその若い感性と想像力で協力してくれた石戸谷奎さん（集英社新書編集部）に感謝の意を表したい。また本書が産声をあげる上で大いに裨益してくれた集英社クリエイティブの方々に心より謝辞を表したい。その精緻を極めた、博覧強記のような校閲作業がなかったら、本書の完成は覚束なかったに違いない。

さらに感謝の意を表したいのは、書家の山崎秀鷗さんである。現代日本を代表する書家の一人である山崎さんに、今回も素晴らしい題字を書いていただき、光栄の至りである。その題字を、近代日本の墓碑銘を刻むように格調高くデザインしてくださった新井千佳子さん（MOTHER）にも、たいへんお世話になった。

そして最後に言葉には尽くせない謝辞を捧げたいのは落合勝人さん（集英社新書編集部編集長）である。運命的な出会いから、すでに一五年以上の歳月が過ぎたが、本書ほど落合さんの編集者としての、そして思想史的な学徒としての見識と気概を感じさせられた本はなかったと言える。その叱咤《しった》激励なくして、本書の序章と終章が日の目を見ることはなかったはずであり、本書が思想史的な概念のフィルターを通した「思索の旅」になりえたのも、ひとえに彼のお陰である。

「思索の旅」を道案内していただいた方々（敬称略、所属は取材当時）

第一章　山田元樹、久冨良章（大牟田市）、松山勇介（長崎市）、吉田政博（荒尾市）、五本松恵美子（大牟田市石炭産業科学館）、髙實康稔（NPO岡まさはる記念長崎平和資料館）、北川義法（サンデン）、石崎芳行、上島慶信、白井功、萩原利宣（東京電力）、大沼勇治（自営業）、熊澤幹夫（いわきへリテージ・ツーリズム協議会）、坂本征夫、矢吹剛一（常磐興産）、吉沢正巳（希望の牧場・ふくしま）

第二章　高山優、平田秀勝（港区教育委員会）、冨永敏夫（さんがうら）、髙永幸夫（球磨村）、雨宮処凛（作家）、中村光男（企業組合あうん）、泉潤、後藤仁孝（熊本日日新聞）

第三章　中野研一、荒井登美也（東京書籍）、濱口哲、小奈裕（新潟大学）

第四章　崔敏夫（神戸・千歳地区連合自治会）、上田司郎（大正筋商店街振興組合）、松尾好則

（雲仙岳災害記念館）、上田常雄（鎮西学院）、佐藤光一、山内宏泰（リアス・アーク美術館）、阿部泰兒、阿部憲子、田村恭子、伊藤文夫（阿部長商店）、畠山仁義（男子厨房 海の家）、渡辺昭義、太田貞夫、長沼隆之（神戸新聞）、高橋鉄男（河北新報）

第五章　宮田正馗（ルーラル大潟）、黒瀬正（ライスロッヂ大潟）、高橋浩人（大潟村）、阿部文夫（大潟村議会）、安倍浩一（青森市農業委員）、泉夏樹（青森県農産品加工協同組合）、伊藤大介（有島記念館）、安藤伸一（秋田魁新報）、秋元宏宣（東奥日報）

第六章　佐野尚見、金子一也、榎本浩之（松下政経塾）、佐藤勉、久米晃（自由民主党）、玄葉光一郎（民進党など）、井上義久（公明党）、志位和夫、水谷辰也（日本共産党）、石橋清孝（千葉県議会）

第七章　萩原豊彦（産業考古学会）、西川昌宏、山田聡（国土交通省）、小泉健司（駿府ウェイブ）、伊貝政雄、歌野敦夫（ＪＲ東海）

第八章　石牟礼道子（作家）、渡辺京二（作家）、坂原辰男（田中正造大学）、古澤満明（渡良瀬遊水地友の会）

第九章　土屋龍一郎、寺澤正人（エムウェーブ）、池田佳介、松田克仁（大阪市）、西口清香（大阪府日本万国博覧会記念公園事務所）、渡辺秀樹、井上裕子、五十嵐裕（信濃毎日新聞）

第一〇章　黒尾和久（国立ハンセン病資料館）、尾野一矢、尾野剛志、尾野チキ子（津久井やまゆり園みどり会）

第一一章　鈴木悠（那覇市歴史博物館）、小那覇安剛、阪口彩子（琉球新報）、稲嶺幸弘、与那嶺一枝、阿部岳、福元大輔、与儀武秀（沖縄タイムス）

第一二章　吉峯寛、西田純隆（三菱経済研究所）、槇原稔、西村仁、吉田達矢（三菱商事）

【共同通信取材チーム】

柿崎明二、堀誠、諏訪雄三、西出勇志、小池智則、田尻良太、石嶋大裕、中村靖治、橋詰邦弘

主要参考文献一覧

ベネディクト・アンダーソン、白石隆・白石さや訳『想像の共同体――ナショナリズムの起原と流行』リブロポート、一九八七年
ベネディクト・アンダーソン、糠谷啓介・高地薫ほか訳『比較の亡霊――ナショナリズム・東南アジア・世界』作品社、二〇〇五年
マックス・ヴェーバー、脇圭平訳『職業としての政治』岩波文庫、一九八〇年
マックス・ヴェーバー、中村貞二ほか訳『政治論集』1、みすず書房、一九八二年
エズラ・F・ヴォーゲル、広中和歌子・木本彰子訳『ジャパン アズ ナンバーワン――アメリカへの教訓』TBSブリタニカ、一九七九年
アラン＝マルク・リウー、久保田亮訳『未完の国――近代を超克できない日本』水声社、二〇一三年
司馬遼太郎『「明治」という国家』日本放送出版協会、一九八九年
司馬遼太郎『「昭和」という国家』日本放送出版協会、一九九八年
夏目金之助『漱石全集』第三、五、六、一九巻、岩波書店、一九九四～九五年
丸山眞男『現代政治の思想と行動』未來社、初版（上下巻）一九五六～五七年、増補版一九六四年
丸山眞男『丸山眞男集』第四巻、岩波書店、一九九五年
森林太郎『鷗外全集』第二六巻、岩波書店、一九七三年

本書は共同通信が二〇一六年一月から二〇一七年九月まで配信した連載「姜尚中　思索の旅『1868〜』」を大幅に加筆修正したものです。

連載は、岩手日報、秋田魁新報、河北新報、福島民報、新潟日報、信濃毎日新聞、埼玉新聞、千葉日報、山梨日日新聞、静岡新聞、北國新聞、福井新聞、岐阜新聞、京都新聞、山陽新聞、中國新聞、山陰中央新報、徳島新聞、四國新聞、愛媛新聞、高知新聞、佐賀新聞、長崎新聞、熊本日日新聞、宮崎日日新聞、沖縄タイムス、琉球新報が掲載しました（部分掲載も含む）。

姜尚中（カンサンジュン）

一九五〇年生まれ。政治学者。東京大学名誉教授。著書に、一〇〇万部超のベストセラー『悩む力』とその続編『続・悩む力』のほか、『マックス・ウェーバーと近代』『オリエンタリズムの彼方へ』『ナショナリズム』『東北アジア共同の家をめざして』『日朝関係の克服』『在日』『姜尚中の政治学入門』『愛国の作法』『リーダーは半歩前を歩け』『あなたは誰？ 私はここにいる』『心の力』『悪の力』『漱石のことば』など。小説作品に『母―オモニ―』『心』がある。

維新《いしん》の影《かげ》

近代日本《きんだいにほん》一五〇年《ねん》、思索《しさく》の旅《たび》

2018年1月31日　第1刷発行

著　　者　姜尚中《カンサンジュン》

発 行 者　茨木政彦

発 行 所　株式会社 集英社

〒101-8050　東京都千代田区一ツ橋2-5-10

[編集部] 03-3230-6391　[読者係] 03-3230-6080　[販売部] 03-3230-6393（書店専用）

装幀・組版　MOTHER

カバー題字　山崎秀鷗

印 刷 所　凸版印刷株式会社

製 本 所　加藤製本株式会社

ISBN978-4-08-789011-2　C0021

定価はカバーに表示してあります。

集英社新書

『明治維新150年を考える――「本と新聞の大学」講義録』（二〇一七年一一月刊）

モデレーター：一色清　姜尚中

講師：赤坂憲雄　石川健治　井手英策　澤地久枝　高橋源一郎　行定勲

東日本大震災から一年後に始まった、朝日新聞社と集英社による連続講座「本と新聞の大学」の書籍化第五弾。

第一回「基調講演　これまでの日本、これからの日本――維新後一五〇年を考える」（一色清×姜尚中）

第二回「何が失われたのか――近代の黄昏に問いなおす」（赤坂憲雄）

第三回「沈潜し、再浮上する財政の歴史から〈いま〉を読み解く」（井手英策）

第四回「故郷への眼差し――熊本地震の経験から」（行定勲）

第五回「国民主権と天皇制――視点としての〈京城〉」（石川健治）

第六回「人はどこにいたのか」（澤地久枝）

第七回「小説の誕生」（高橋源一郎）

第八回「総括講演　一五〇年のメディアとジャーナリズム」（一色清×姜尚中）